JN130541

カンタンだから成功者続出!
ダイエット外来専門医が教える

たった7秒で座るだけダイエット

糖尿病・ダイエット外来専門医
工藤孝文

晋遊舎

はじめに

ダイエットと聞くとどうしてもハードな運動やきつい食事制限を思い浮かべる人が多いのではと思います。もちろん、運動はやらないよりもやったほうがいいと思います。ただ、好きでもない運動をすると過度なストレスがかかってしまい、ダイエットの観点から見ると逆効果になることも……。それではせっかくの運動の意味がありませんよね。

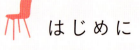

私のダイエット外来でも運動が苦手だったり、ジムに行く時間がないとこぼす患者さんも多いです。そのため、代わりに何かできることはないかと考えたことが「たった7秒で座るだけダイエット」が誕生するきっかけでした。

着目したのがNEAT《ニート》（非運動性活動によるカロリー消費）と呼ばれるもの。椅子に座る、立ち上がる、通勤の階段の上り下り、家事をするなどの日常の運動行為で消費されるエネルギーのことです。そのNEAT《ニート》の範囲内でダイエットに効率的な運動ができないか、ダイエット患者さんにいろいろ試してもらい、今回紹介する日常生活の中で座るときに7秒間かけて座るというダイエットが完成しました。私自身もこの運動でリバウンドせずに体型を保てています。皆さんがこの「たった7秒で座るだけダイエット」を習慣にして、美しい体型になり、心から幸せになることを願っています。

糖尿病・ダイエット外来専門医　工藤孝文

日常生活の動作に
負荷をかけることで
やせやすい体になります!

座るだけダイエット」は

作を繰り返すだけで

るお手軽ダイエット！

衣装協力：
DANSKIN／ダンスキン
（ゴールドウイン
カスタマーサービスセンター）

超カンタン

「たった7秒で椅子に座る動」スリムになれ

きつい運動よりも効く自宅で気軽にダイエット

ハードな運動も厳しい食事制限もなく、健康的にやせられる――それが私の提唱する**「たった7秒で座るだけダイエット」**です。「1、2、3……」と7秒数えながらゆっくりと椅子に腰を下ろし、1秒で立ち上がる。スクワットのフォームをさらに効果的に発展させたこのエクササイズにより、下半身ばかりでなく、腹筋や背筋など上半身も含めた全身の筋肉を、効率よく鍛えることができるのです。

安定した椅子さえあれば、いつでもどこでも短時間で取り組める手軽さが何よりのメリット。"座る"という日常動作に連動しているため、三日坊主にならず継続しやすいのもポイントです。体力に自信のない人でも、無理なく身体活動量を増やし、消費エネルギーアップを実現できるでしょう。

従来のダイエットのような苦痛やリバウンドは一切なし！　何をやってもやせられなかった人にこそ、ぜひチャレンジしてもらいたいダイエット法です。

こんな効果がありました!

編集部も20日間やってみました。
気になる結果を発表!

信じて続けたことで
お腹周りにも
効果が……!

AFTER
体重
51kg
体脂肪率
23.7%

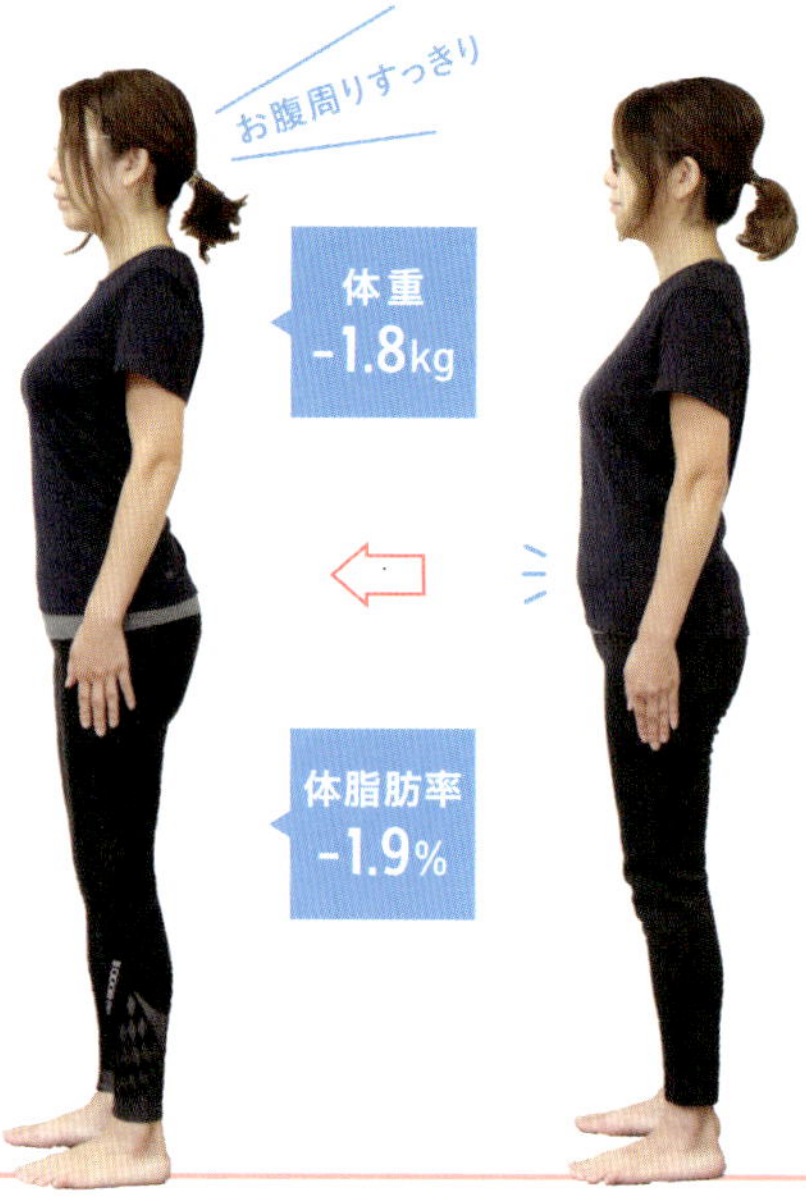

BEFORE
体重
52.8kg
体脂肪率
25.6%

身長
158cm

「お腹周りが気になる」とチャレンジ。スクワットのような動きだったので、お腹に効果があるか心配でしたが、代謝がアップしたせいか下腹がすっきりしました。

無理をしている実感はなし!
ゆがみも緩和された
ような気がします

AFTER
体重
47.3kg
体脂肪率
21.5%

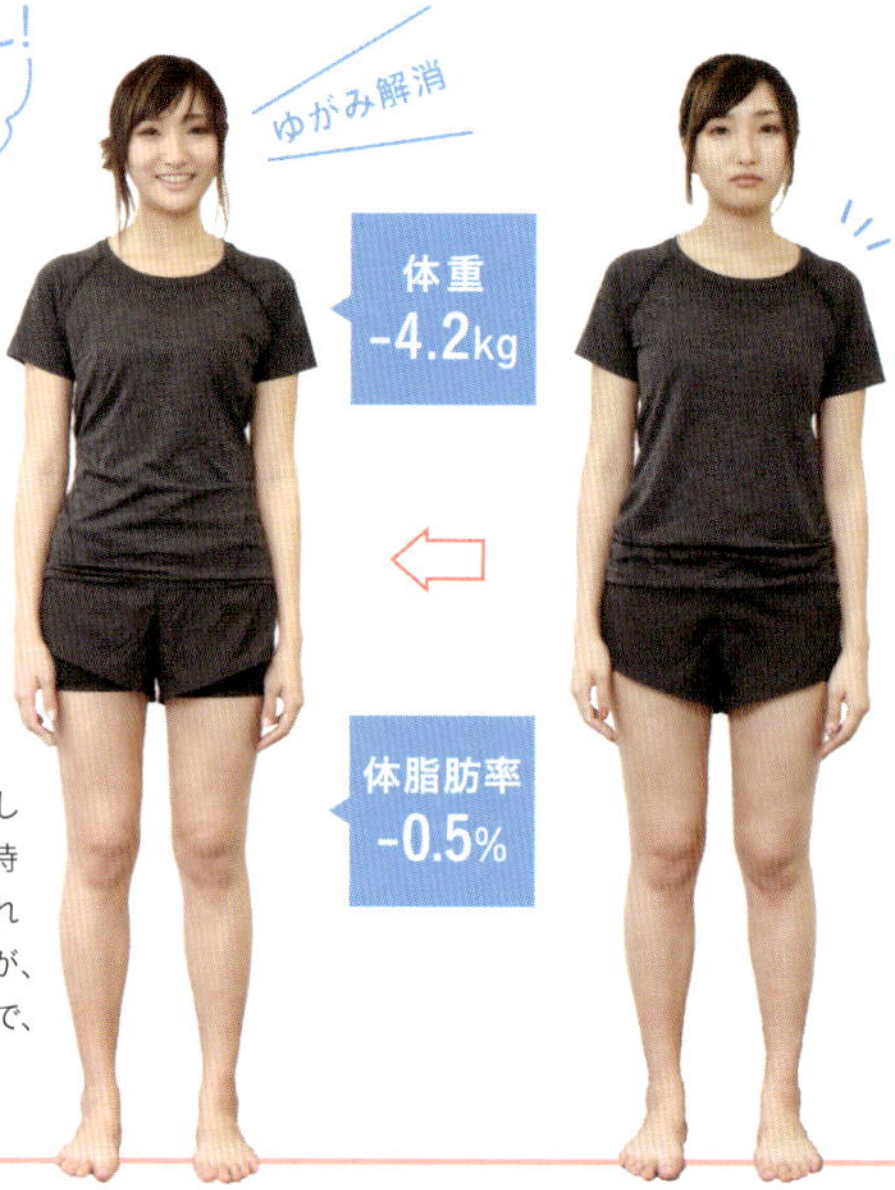

BEFORE
体重
51.5kg
体脂肪率
22%

身長
161cm

炭水化物を控える食事制限と並行して行いました。座るときに姿勢も同時に意識するためか、ゆがみも緩和された気がします。体験を終えた後ですが、エクササイズは無理せずに行えるので、今後も続けていきたいと思います。

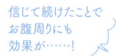

編集部もチャレンジ！

7秒かけて座るだけで

楽しみながらできるので
ダイエットという感覚を
感じずにできました！

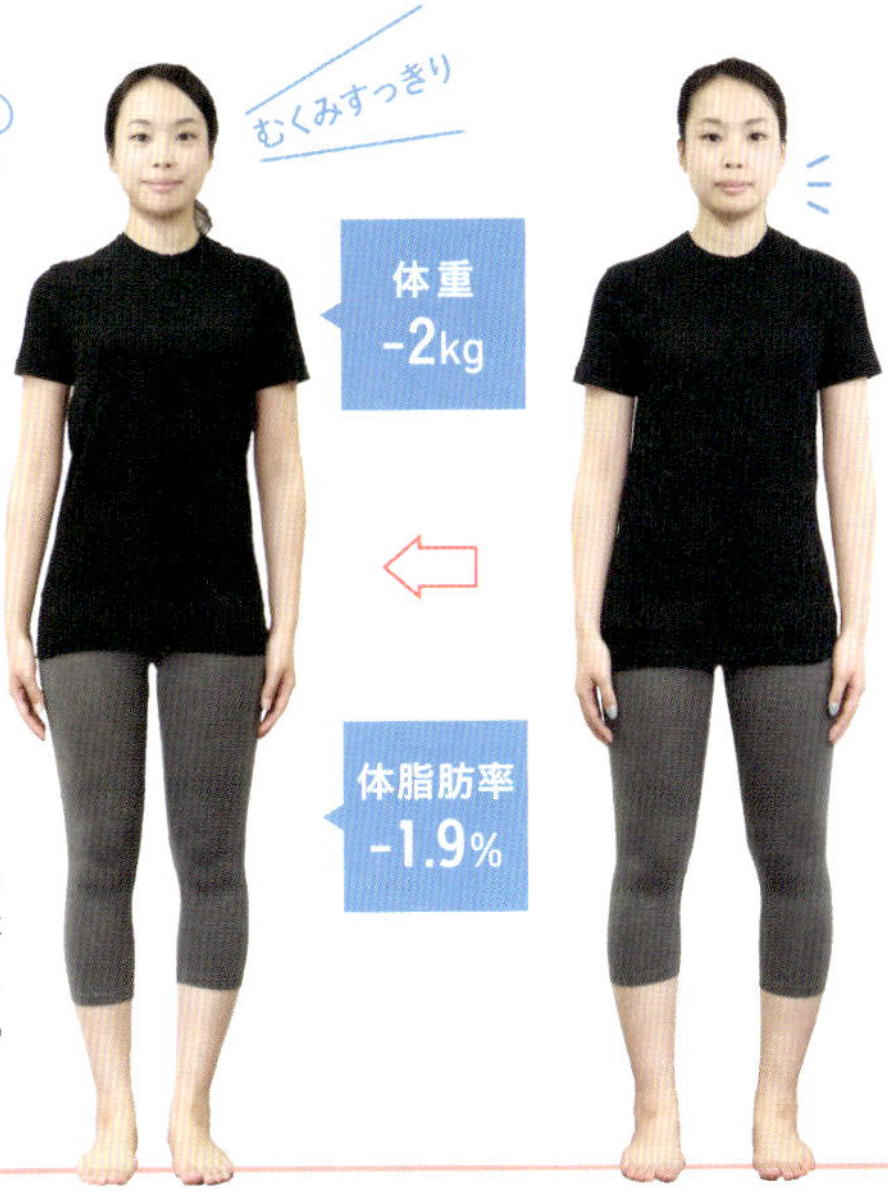
むくみすっきり
体重
-2kg
体脂肪率
-1.9%

AFTER
体重
50kg
体脂肪率
22.2%

BEFORE
体重
52kg
体脂肪率
24.1%

身長
159cm

簡単だったので、毎日できました。たまに忘れてそのまま座ってしまった場合はやり直ししたりと……（笑）、ゲームみたいな感覚で楽しみながら続けられたと思います。

悩みだった脚周りに
効果あり！
すっきり引き締まりました

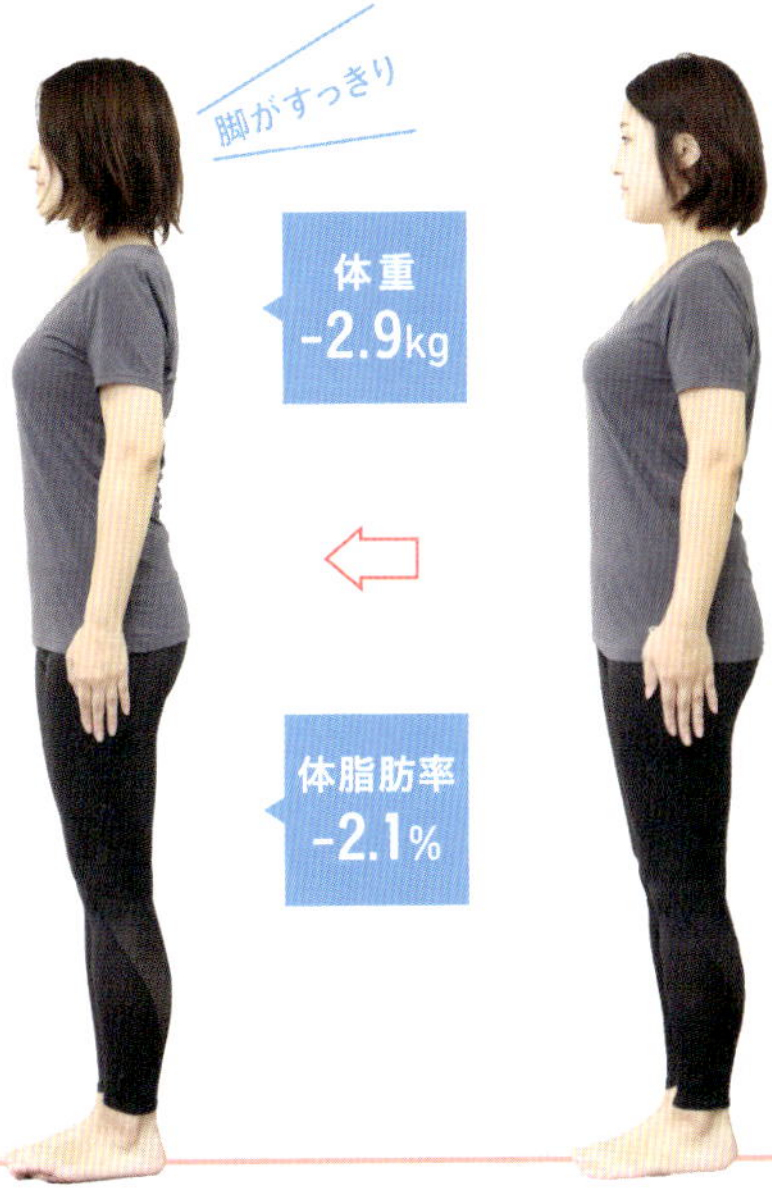
脚がすっきり
体重
-2.9kg
体脂肪率
-2.1%

AFTER
体重
50.8kg
体脂肪率
25.7%

BEFORE
体重
53.7kg
体脂肪率
27.8%

身長
157cm

日常動作では忘れてしまうため、夜に筋トレとして実践していました。スタートして翌日には筋肉痛になり、しっかりと脚に効いていることを実感。今後も続けたいです。

AFTER

工藤内科のダイエット外来の患者さんも
「たった7秒で座るだけダイエット」を実践中。多くの方々が、
減量やウエストのサイズダウンに成功しています！

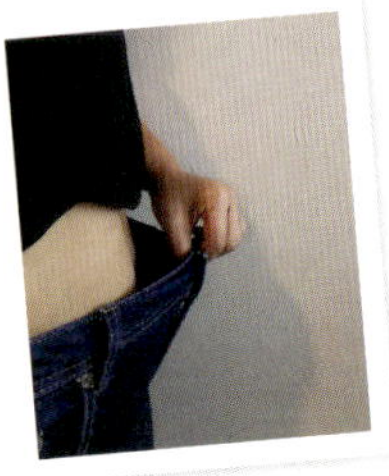

ウエストは -17cm！

ウエストも17cmの大幅ダウン。ピッタリだったデニムも手がすっぽり入ってしまうほどブカブカに。

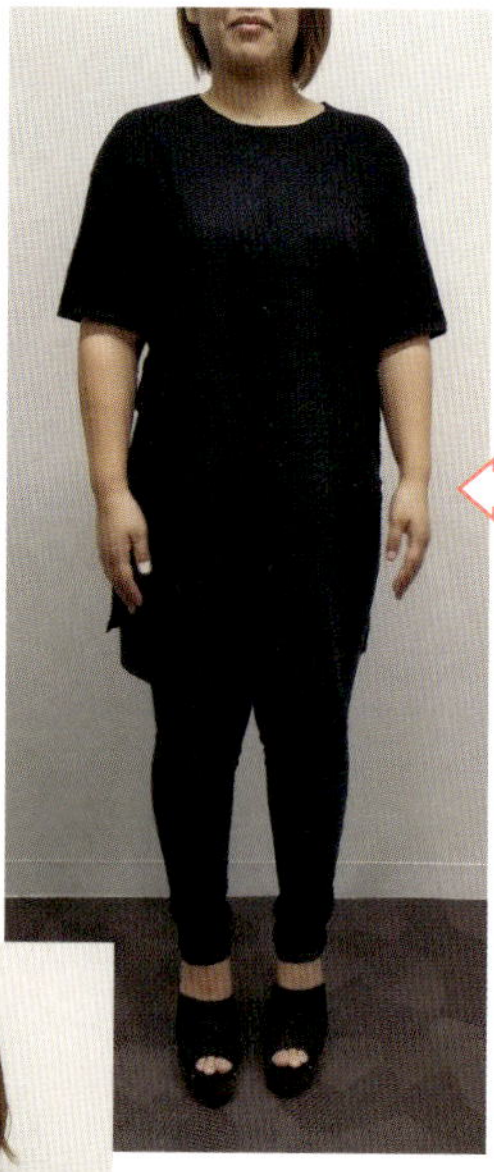

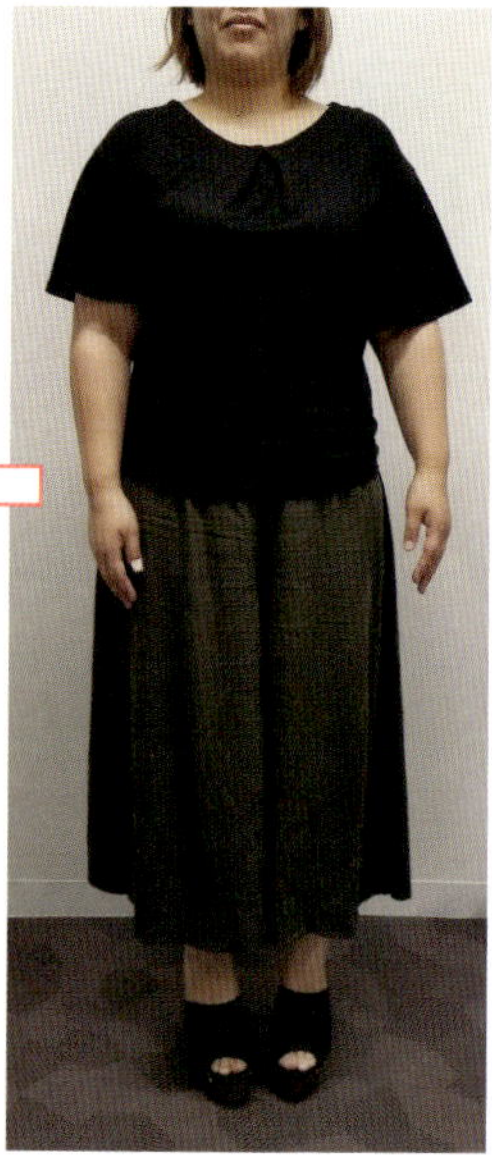

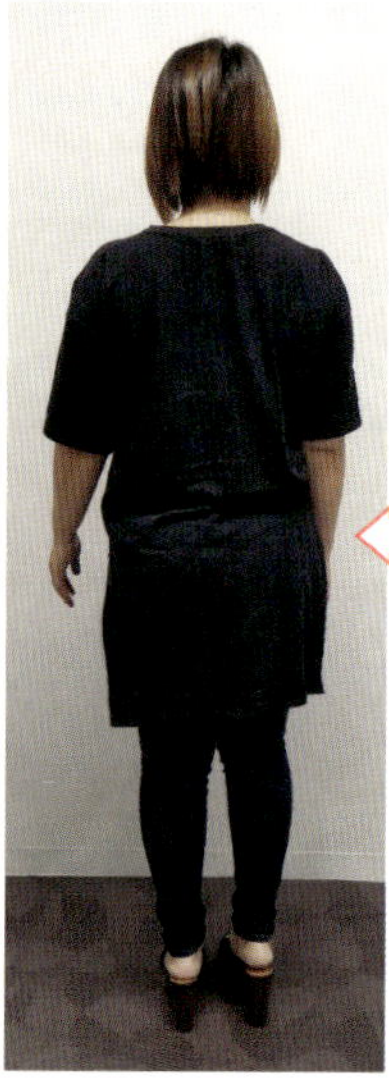

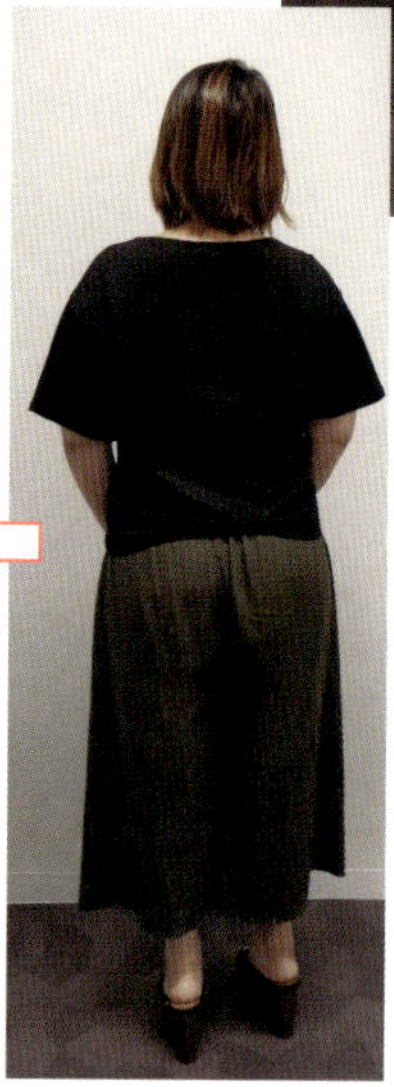

BACK

FILE_01

S・Nさん

AFTER 68kg ← BEFORE 83kg

15kg 減量を楽しく達成！

10回×1日5セットのエクササイズに、家族と一緒に楽しみながら取り組みました。最初は半信半疑ながらも徐々に効果が出始め、2ヵ月後には体重が15kgもダウン！ 動くのがラクになり、性格まで明るく意欲的になりました。

	BEFORE	AFTER
身長	160.9cm	
体脂肪率	32%	26%
ウエスト	95cm	78cm

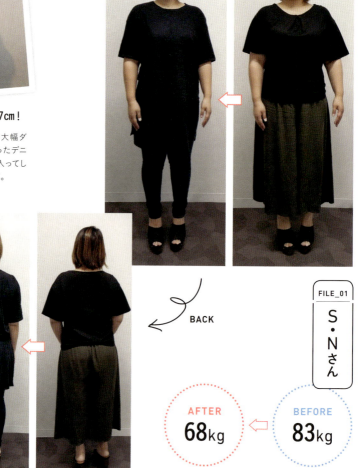

ここまで変わった! BEFORE ⇒ AFTER

FILE_02 W・Kさん

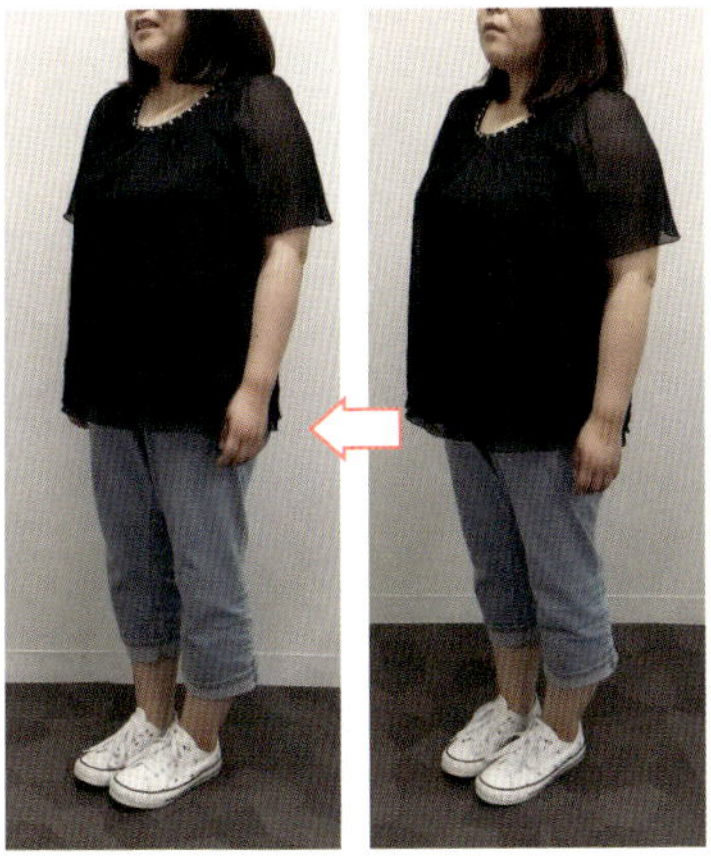

顔やお腹がスッキリ!

エクササイズは朝昼晩に10回ずつ。13kgの減量で、顔周りやお腹周りがスッキリしました。腰痛が改善し、軽快に歩けるように。

74kg ⇐ 87kg

	BEFORE	AFTER
身長	153.8cm	
体脂肪率	36.7% →	31.2%
ウエスト	92cm →	82cm

FILE_03 H・Mさん

1日4回の体重測定も大切

「たった7秒座るだけダイエット」に加えて、1日4回体重を量ることを続けています。少しずつ体が締まってきて、友達からも「どうやってやせたの?」と聞かれました。

77kg ⇐ 87kg

	BEFORE	AFTER
身長	151.8cm	
体脂肪率	37.7% →	33.4%
ウエスト	92cm →	80cm

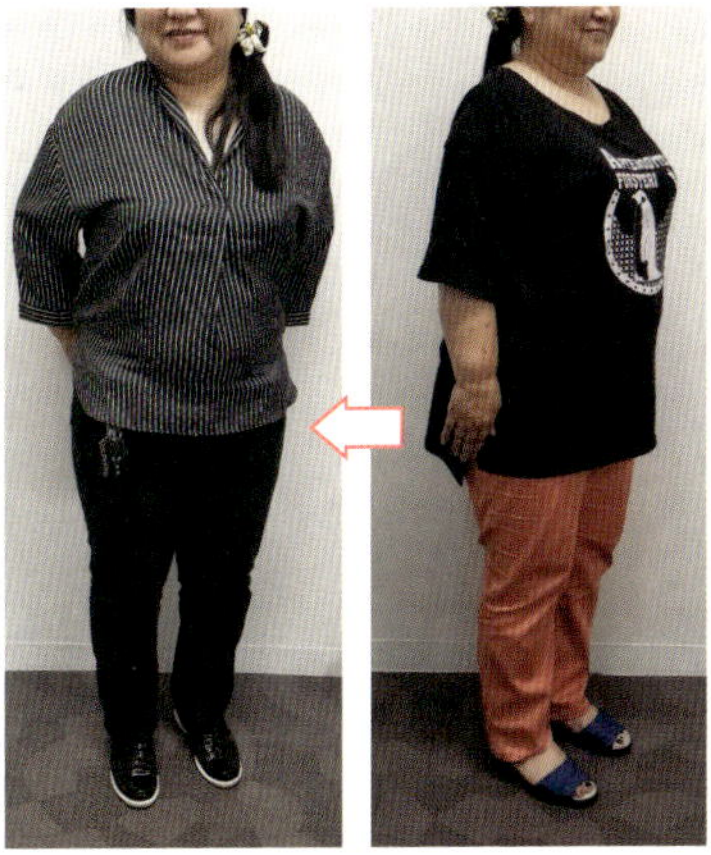

FILE_04 S・Tさん

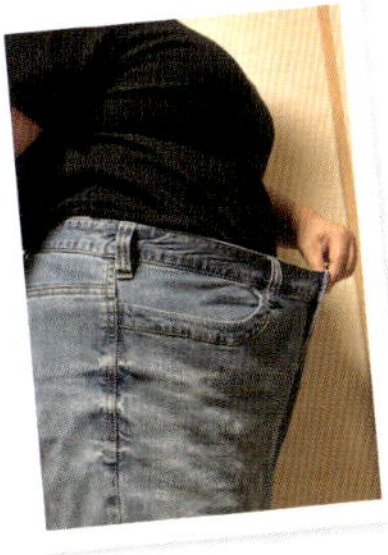

ウエストサイズが大幅ダウン

食事制限に加えて、たった7秒で座るだけダイエットにチャレンジ。下半身に効いていると感じていましたが、なんとお腹周りが大幅にサイズダウン! 以前のデニムがこんなにぶかぶかになりました。

102kg ⇐ 115kg

	BEFORE	AFTER
身長	160.6cm	
体脂肪率	44.5% →	39.5%
ウエスト	121cm →	113cm

CONTENTS

CHAPTER

2 たった7秒で座るだけダイエット実践編

※各種運動法について
本書に掲載している各種運動法を行う際、体調に不安のある方、妊娠中の方、持病がある方などは専門の医師と相談のうえ、指示に従ってください。また、運動法による効果は個人差があることを予めご了承ください。いかなる事故・クレームに対しても、弊社、監修者は一切の責任を負いません。

CHAPTER 3
ダイエットを加速させる生活習慣
059

CHAPTER 4
太る思考をやせマインドに変える
079

CHAPTER

1

元デブ医者が教える ダイエットの秘密

ダイエット＝運動と思っている人が多いですが、
ダイエットのための運動はとても非効率的。
ここでは延べ10万人のダイエット患者をみてきた私が教える、
ダイエットの落とし穴や
やせるためにするべきことをご紹介します。

ダイエットの落とし穴 1

がんばるだけ損!? 運動では効率よくやせられない

「太っているのは運動不足だから」「運動さえすれば体重なんて簡単に落とせるはず」。やせたいと思っている人の多くが、そんなふうに考えているのではないでしょうか。私のダイエット外来を訪れる患者さんも、皆さん同じように口を揃えます。

しかし、現実はそう簡単ではありません。たしかに、運動によって消費カロリーを増やすことがダイエットには有効ですが、消費カロリーを増やすためには、あなたが想像するよりもはるかに多くの運動量をこなさなければならないのです。

たとえば、1時間のウォーキングで消費できるカロリーはご飯たったの1杯分。ラーメンと餃子一人前のカロリーを消費するには、プールで1時間もクロールを泳ぎ続けなくてはなりません。

運動をがんばっても、食事をとればあっという間にカロリーオーバーになってしまうのですから、運動は決して効率の良いダイエット法とはいえないのです。

食べ物のカロリーと消費にともなう運動量

ラーメン＆餃子セット

＝

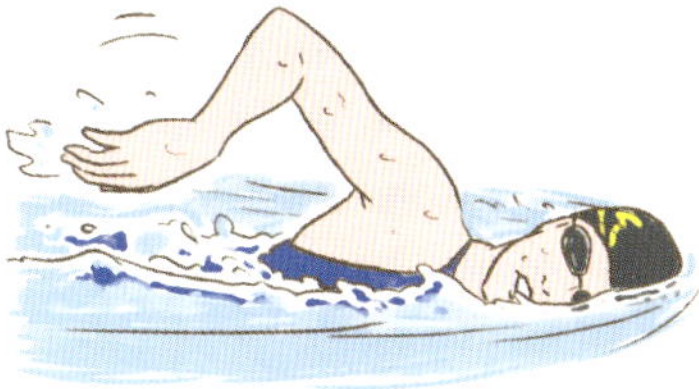

クロール約１時間

パンケーキ一皿

＝

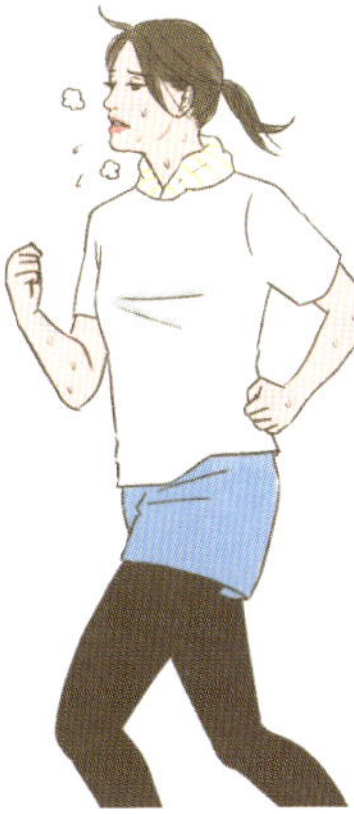

ランニング約１時間

食べた分のカロリーを消費しようとすると、相当な運動量に。

食事のカロリーを運動で
消費するのはまずムリ!
Dr. Kudo's
voice

ダイエットの落とし穴2

せっせとジムに通っているのに体重が減らないのはなぜ？

運動でやせようとするのがいかに非効率であるかを、わかりやすい例でご説明します。ダイエットのためにジム通いをしている人のなかには、きちんと運動をしているにも関わらずなかなか体重が減らない、それどころかむしろ増えてしまっている、という人が少なからず見受けられます。だれにでも経験があると思いますが、苦しい運動の後というのは、食べることに対してつい自分を甘やかしてしまいがち。「たくさん運動をしたんだから少しくらい……」と普段よりも食べ過ぎたり、「がんばった自分へのごほうびに！」とスイーツに手を伸ばしたり、お酒好きの人ならいつも以上にビールが進んでしまったりといったことは、運動後にはよくあることです。しかしながら前述の通り、一般的な運動で消費できるカロリーは、食事をすればあっという間に取り戻してしまう程度のもの。それを理解せず、ジムに行くたびに食べ過ぎや飲み過ぎを繰り返していたらどうなるでしょうか。やせるどころか良くて現状維持、一歩間違えれば今以上に太ってしまうことにだってなりかねません。

こういったことからも、運動はダイエットの手段として決して効率的でないことがおわかりいただけるでしょう。

運動しているのに
体重が減らないと感じたら
要注意!

運動したごほうびを食べ物にして自分を甘やかしていませんか? 運動後は特に普段よりも気持ちが大きくなりがちです。

ダイエットの落とし穴3

あなたが太ってしまうのはズバリ"食べ過ぎ"だから

そもそも人間はなぜ太るのでしょうか。理由はシンプル。摂取カロリーが消費カロリーを上回っているから。つまり"食べ過ぎ"なのです。もちろん、元々の体質や服用している薬の影響で太りやすい人がいることはたしかです。しかし、太っている人がよく口にする「食べてないのに太る」とか「水を飲んでも太る」といったようなことは、医師として絶対にあり得ないと断言できます。「食べていない！」と主張する人も必ず何らかのかたちで食べ過ぎていて、そのことに自分で気付いていないだけなのです。思い返してみてください。もったいないからと子どもの食べ残しをつまむのが当たり前になっていませんか？　健康に良い食品であればたくさんとっても太らないと誤解していませんか？　そうした問題のある食習慣が積み重なってカロリーオーバーとなり、肥満へとつながっているのです。

まずは、自分自身の行動をありのままに振り返り、太る原因となる食べ方をしていないか見つめ直してみましょう。そして問題に気付いたら素直に認めること。それこそが減量への第一歩です。

食べ過ぎに気付いていないだけかも!?

自分の行動を振り返ると、意外なところで食べ過ぎていたりするもの。何かをしながら食べる「ながら食べ」も無意識に食べ過ぎてしまうダイエットの大敵です。

やせ体質をつくるには 1

生活習慣そのものを見直すことが大切

食べ過ぎないことがやせるための近道ですが、単に食べる量を減らすだけではいけません。無理な食事制限を行うと、体にとって必要なエネルギーや栄養素が不足するのはもちろん、我慢することにより心にも大きなストレスがかかり、心身ともに悪影響を及ぼしてしまいます。短期間で体重を落とせる反面リバウンドもしやすく、ますますやせにくい体になってしまうのです。理想のダイエットは、少しずつ体重を落としながら健康で太りにくい体を維持すること。そのためには、食べる量を抑えるだけでなく、食事の内容や食べる時間、食に対する考え方など、さまざまな面から食行動を見直すことが大切です。

さらに、太りやすい人は、あまり体を動かさない生活を送っていることが多いようです。いくら運動では効率よくやせられないといっても、一日中ソファに座って動かずにいるのでは太って当たり前。日常生活の中でなるべく体を動かすよう意識し、カロリー消費を促すことは、やせやすい体をつくるうえでとても重要です。また、十分な睡眠時間を確保することも見過ごせないポイントです（詳しくはChapter３で）。

食事、日常動作、そして睡眠。これら生活習慣を全般にわたって見直すことが、私が提唱するダイエットにおける最優先のメソッドです。

普段の生活でも十分ダイエットに

掃除をする

なるべく歩く

掃除を本気でする、近い距離であれば車を使わないで歩くなど、普段の生活でも意識するだけでやせやすい体をつくることが可能に。

やせ体質をつくるには 2

肥満を解消するカギは「NEAT《ニート》」にある

心拍や呼吸、体温維持など、私たちの生命活動に必要とされる最小限のエネルギー量を基礎代謝量といいます。人間が一日に消費する総エネルギー量の約60％を占め、30～49歳女性（参照体重53.1㎏）の場合、一日1150㎉が基礎代謝量の基準値です※。残りの消費エネルギーは、食物の消化や吸収に関わる食事誘発性熱産生によるものが約10％、そして身体活動によるものが約30％を占めています。

なかでも肥満に大きく関わってくるのが、非運動活動によるカロリー消費＝NEAT《ニート》（Non-Exercise Activity Thermogenesis）と呼ばれるものです。NEAT《ニート》は水泳やジョギングなどの特別な運動によるエネルギー消費ではなく、家事や通勤、椅子の立ち座り、階段の上り下りといった、ごく普通の日常動作によるものです。国際的な研究では、肥満の人ほど座っている時間が長く、NEAT《ニート》の割合が少ないことが明らかになっています。

※厚生労働省「日本人の食事摂取基準」2015年度版より

基礎代謝量は男女とも10代をピークに、年齢とともに低下していきます。つまり歳をとるほど、エネルギーが消費されにくい体になっていくということ。これを補うには、活発な日常動作によりNEAT《ニート》の割合を高めることが大切なのです。

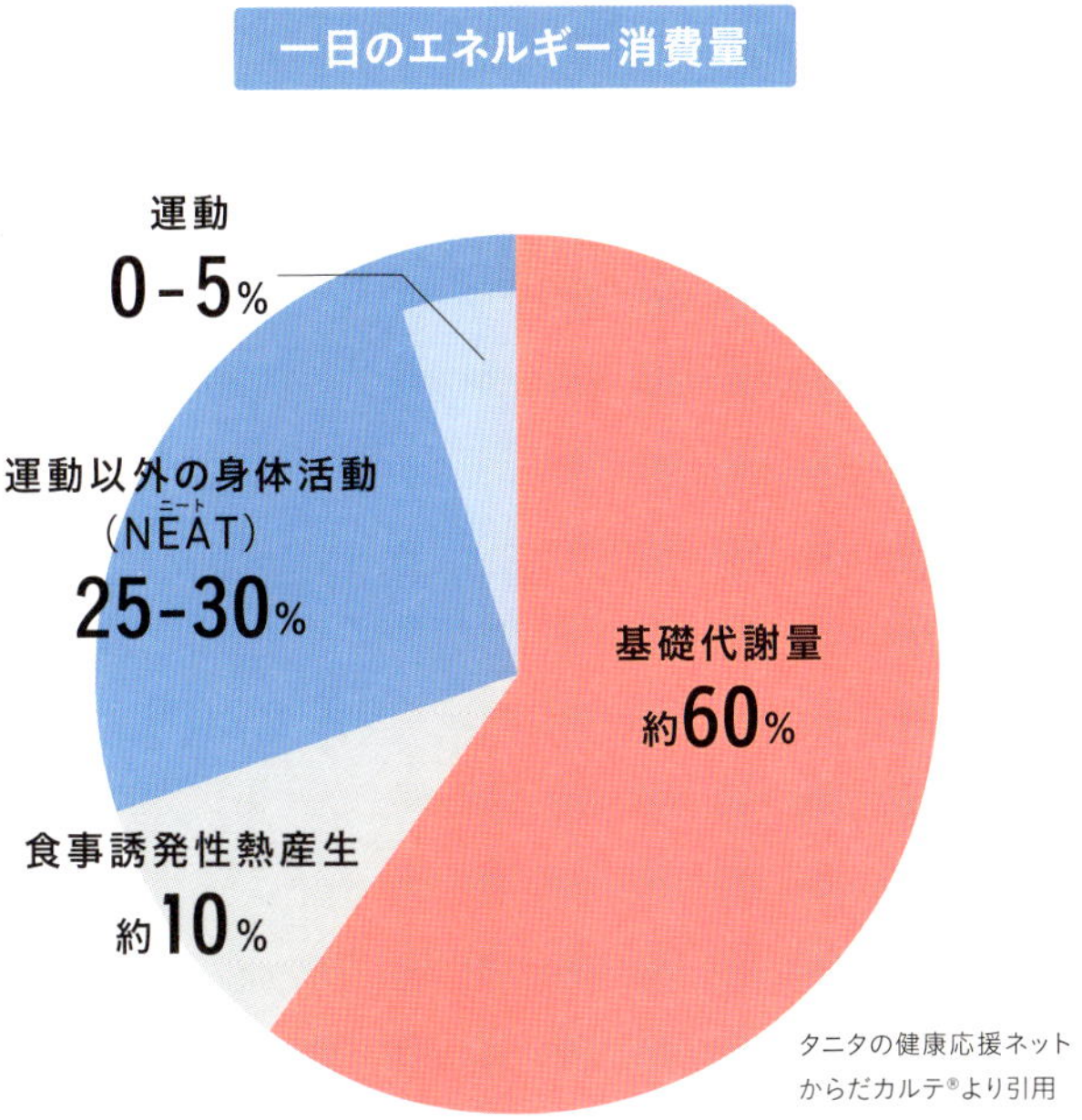
一日のエネルギー消費量
運動
0-5%
運動以外の身体活動
(NEAT《ニート》)
25-30%
食事誘発性熱産生
約10%
基礎代謝量
約60%
タニタの健康応援ネット
からだカルテ®より引用

基礎代謝量、食事誘発性熱産生（摂食後に起こる代謝の活発化）は個人内で大きく変動はないため、一日のエネルギー消費量が多いか少ないかは、身体活動量によって決まります。

家事などの日常生活活動を
積極的に行うことで、
NEAT《ニート》が増えてやせ体質に。
Dr. Kudo's
voice

たった7秒で
座るだけダイエットの
秘密 1

7秒かけて座るだけで普通に生活してもやせる

ＮＥＡＴ《ニート》によるエネルギー消費を増やし、ダイエットの効果を上げるには、日常生活における身体活動量をいかに増やせるかがカギを握っています。そのためには、できるだけ体に負荷がかかるよう意識して日常動作を行うことが重要です。もちろん、エレベーターやエスカレーターを使わずに階段を上ったり、外出には自動車ではなく徒歩や自転車を利用したりと、積極的に活動量を増やす努力も大切です。しかし、時間や場所に捉われず、普段通りの生活を送りながらＮＥＡＴ《ニート》の割合を高めることができれば、より効果を上げやすいのではないでしょうか。

そこで私がおすすめしたいのが、1日に何度となく行う〝座る〟という動作を活用した「たった7秒で座るだけダイエット」です。やり方は簡単。7秒数えながらゆっくりと椅子に座り、1秒で立ち上がるというスクワットのような動きを、1日10回繰り返すだけ。慣れるまでは、なるべくゆっくりとした動作で座るよう意識するだけでも構いません。椅子に腰かけるタイミングを見計らって気軽に取り組めるため、わざわざきつい運動や厳しい食事制限をしなくても、知らず知らずのうちにやせやすい体がつくられていくのです。

日常動作の「座る」に着目!

きつい運動は必要ありません。一日に何度も行う"座る"動作のときに意識して行うだけで、NEAT《ニート》が増えやせやすい体になります。

「座る」という
日常動作を利用して
やせやすい体に。

Dr. Kudo's voice

たった7秒で
座るだけダイエットの
秘密 2

7秒かけて座るだけなのに どうして全身がやせるの？

「たった7秒で座るだけダイエット」を続けると、なぜやせやすい体になるのでしょうか。このエクササイズで主に鍛えられるのは、太ももやお尻、ふくらはぎなど下半身の筋肉です。下半身には全身の筋肉の約60～70％が集まっています。なかでも太ももの筋肉は特に大きく、このエクササイズのような簡単なスクワットでも筋肉が肥大しやすいため、効率よく筋肉量を増やすことができるのです。

このように聞くと、「たった7秒で座るだけダイエット」には〝下半身やせ〟の効果しかないかのように思えますが、そうではありません。下半身の筋肉量を増やす最大の目的は、基礎代謝量をアップさせることにあります。生命を維持するための基礎代謝量は、筋肉量が増えるのに比例して高くなります。基礎代謝量が高いということは、何もしなくても消費されるエネルギー量が大きいということ。ゴロゴロしながらテレビを観ているときも、眠っている間も、筋肉量が多い人ほどより多くのエネルギーを自然と消費することができるのです。つまりそれこそが、私たちが理想とする"やせやすい体"。「たった7秒で座るだけダイエット」の目指すところは、下半身を強化して基礎代謝量を高め、やせやすい体へと導くことなのです。

女性の全身の筋肉量の割合

やせるなら
下半身に注目!
上肢
約15%
体幹
約15%
下肢
約70%

筋肉の約6～7割が下半身に集中しているため、そこを鍛えることで効率よく筋肉量を増やすことが可能に。結果として基礎代謝量がアップします。

たった7秒で座るだけダイエットの
秘密3

下半身を強化すれば歳をとっても健康でいられる

下半身を強化する重要性について、ダイエットとは異なる視点からも考えてみましょう。男女とも世界有数の長寿国である日本。2016年の平均寿命は男性が80・98歳、女性が87・14歳で、以降も最高記録を更新し続けています[※1]。一方で、厚生労働省が定義する「健康寿命（健康上の問題で日常生活が制限されることなく生活できる期間）」は、2016年の調査では男性72・14歳、女性74・79歳。平均寿命と比較すると男性で8・84年、女性で12・35年もの開きがあることが明らかになりました[※2]。この数値は、高齢者の多くが長期間にわたって、健康上の問題から日常生活を制限されたり、介護が必要な状態にあったりすることを意味しています。

高齢者の健康問題と密接に関わっていると考えられるのが、下半身の筋力低下です。下半身の筋肉は歩いたり体重を支えたりするだけでなく、血液を循環させ

※1　厚生労働省「平成29年簡易生命表」（最新）では、男性81.09歳、女性87.26歳

※2　「第11回健康日本21（第二次）推進専門委員会資料」より

るポンプの役割も担っています。加齢とともに下半身の筋肉が衰えてくると、血液を送り出す力も弱まっていきます。これが心臓の働きの低下へとつながり、全身の健康状態にも悪影響を及ぼしてしまうのです。さらに、寝たきりの原因のひとつである骨折も、足腰の弱った高齢者に多く発生しています。

下半身の強化は、ダイエットのためだけではないのです。高齢になっても自分の足で歩き、健康で自立した生活を送り続けるための切り札といえるでしょう。

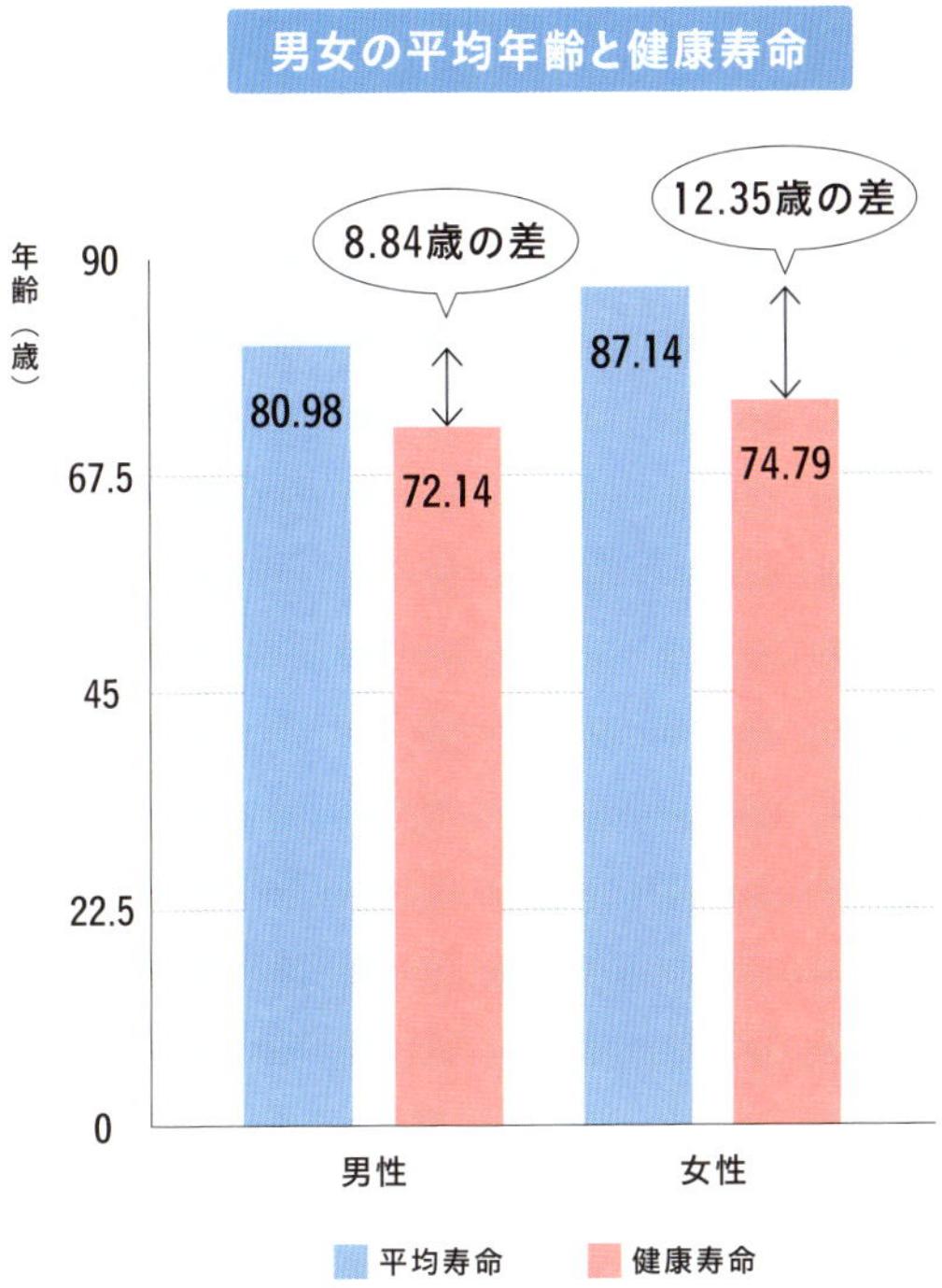
男女の平均年齢と健康寿命
年齢（歳）
90
67.5
45
22.5
0
8.84歳の差
12.35歳の差
80.98
72.14
87.14
74.79
男性
女性
平均寿命
健康寿命

下半身を鍛えることは
ダイエット面からだけでなく、
健康にも良い影響が!
Dr. Kudo's
voice

たった7秒で座るだけダイエットの
秘密4

エクササイズを習慣にすれば苦しいダイエットは不要

「たった7秒で座るだけダイエット」は、短期間でやせられる夢のダイエット法ではありません。しかし、コツコツ続けることにより、運動よりもラクにやせられ、なおかつやせやすい体をキープできる非常に効率の良いダイエット法です。何より大きなメリットが、とても継続しやすいということ。ダイエットのゴールはただやせることではなく、スリムで健康な体を維持し続けることです。そのためには、なかなか長続きしない運動よりも、「たった7秒で座るだけダイエット」のような、ストレスフリーで、飽きずに続けられるエクササイズが適しています。

お金も時間もかかるジム通い

労力がかかるわりに
効果は……？

- ✕ ジム用ウエア
- ✕ 往復の所要時間
- ✕ 入会金や会費
- ✕ ハードな筋トレ

ジムはお金がかかるだけでなく、行くまでの時間や着替えなども換算すると多くの時間がとられます。

水泳のようにプールに出かける必要もありませんし、ジョギングやウォーキングのように天候や時間帯を気にする必要もありません。椅子さえあれば、家でもオフィスでも、そして忙しくても疲れていても、気軽に取り組むことができます。しかも、"座る"という日常動作と結びついているので、うっかり忘れることなく続けられるのです。

食事や入浴、歯磨きなどと同じ日常のルーティンとして、「たった7秒で座るだけダイエット」を生活のなかに組み込んでしまいましょう。そうすれば、もう一生、苦しいだけのダイエットとは無縁でいられるのです。

自宅で簡単にできる!

- 普段着のまま
- 空いた時間に
- 「ながら」でOK
- ラクちん

いつでもできる!

思い立ったときにいつでもどこでもできるたった7秒で座るだけの運動なら、めんどうな着替えもお金も必要なし!

空いた時間に
こまめに続けられる
「気軽さ」が成功の秘訣です。
Dr. Kudo's voice

たった7秒で座るだけダイエットの
ここがスゴイ 1

下半身も上半身もバランスよく引き締まる

「たった7秒で座るだけダイエット」は、下半身の筋肉だけでなく、全身の筋肉を鍛えることのできるエクササイズです。

下半身では主に、太ももの前面にある大腿四頭筋や裏側の大腿二頭筋、お尻の大臀筋、ふくらはぎを形づくる下腿三頭筋など、ボリュームのある筋肉を鍛えることができます。

そして同時に上半身の筋肉を強化することも可能です。背筋を伸ばして両腕を前に出すという上半身の動きに呼吸が加わり、お腹の腹直筋や背中の固有背筋なども刺激されます。このように全身の筋肉を十分に使うことにより、体全体がバランスよく引き締まっていくのです。

筋肉にしっかりと効かせるためには、フォームにも注意が必要です。一般的なスクワットの場合、我流のフォームでトレーニングを行ってしまうために、なかなか効果が出ないという人がたくさんいます。その点、「たった7秒で座るだけダイエット」は安心。椅子を使用するので、運動や筋トレに慣れていない人でも正しいフォームがとりやすく、きちんと筋肉に効くエクササイズができるからです。

たった7秒で座るだけダイエットで鍛えられる主な筋肉

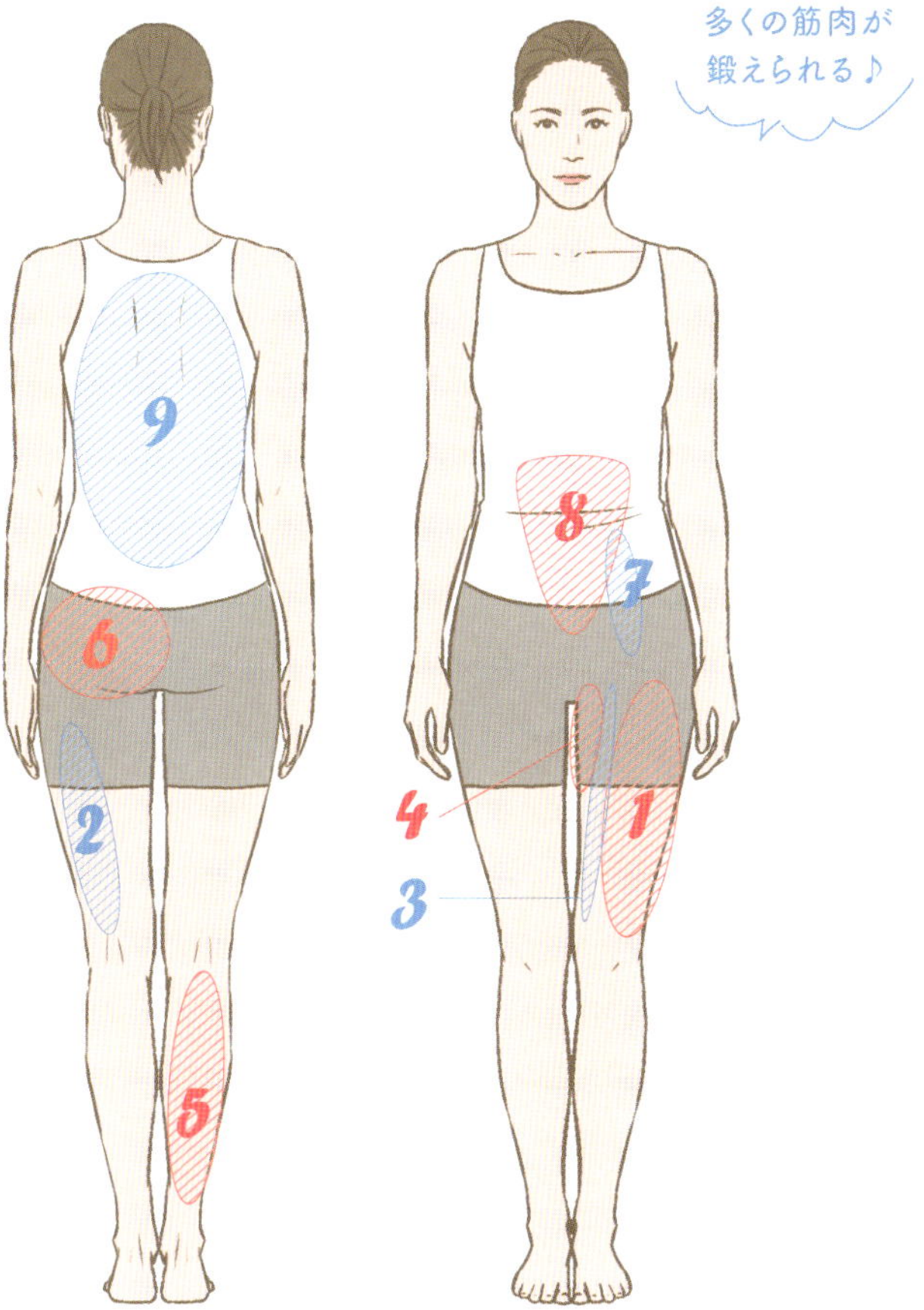
多くの筋肉が鍛えられる♪
9
6
2
5
8
7
4
3
1

1. 大腿四頭筋《だいたいしとうきん》
2. 大腿二頭筋《だいたいにとうきん》
3. 縫工筋《ほうこうきん》
4. 内転筋《ないてんきん》
5. 下腿三頭筋《かたいさんとうきん》
6. 大臀筋《だいでんきん》・中臀筋《ちゅうでんきん》
7. 大腰筋《だいようきん》
8. 腹直筋《ふくちょくきん》
9. 固有背筋《こゆうはいきん》

たった7秒で座るだけダイエットの
ここがスゴイ 2

消費エネルギーを増やして体脂肪を燃やす

人は摂取エネルギーが消費エネルギーを上回ったときに「太る」わけですが、「たった7秒で座るだけダイエット」には、消費エネルギーを増やす効果があります。

人間が1日に消費するエネルギーは、基礎代謝量（約60％）、身体活動量（約30％）、食事誘発性熱産生（約10％）に分けられます。このうち、基礎代謝量と身体活動量の低下が、歳とともに太りやすくなる原因に大きく関わっています。

心拍や呼吸、体温調整など、私たちの生命を維持するために最低限必要な基礎代謝量は、男女とも10代をピークに低下し続けます。基礎代謝量は筋肉の量に比例していますから、加齢により筋肉が衰えると基礎代謝量も低下し、消費エネルギーを減らしてしまうのです。さらに、仕事や子育てに忙しい年代になると若い頃よりも体を動かす機会が少なくなります。身体活動量が低下した結果、消費エネルギーも減ってしまいます。「たった7秒で座るだけダイエット」では、年齢を追うごとに減少するこれらの消費エネルギーを増やすことが可能です。下半身を中心とした全身の筋肉が鍛えられるため筋肉量がアップし、基礎代謝量が高まります。さらに、日常生活のなかでいつでも行えるため、身体活動量を高める効果も絶大です。こうして相乗的に消費エネルギーが増えることで徐々に体脂肪が減少し、やせやすい体になれるわけです。

相乗効果ものぞめる たった7秒で座るだけダイエット

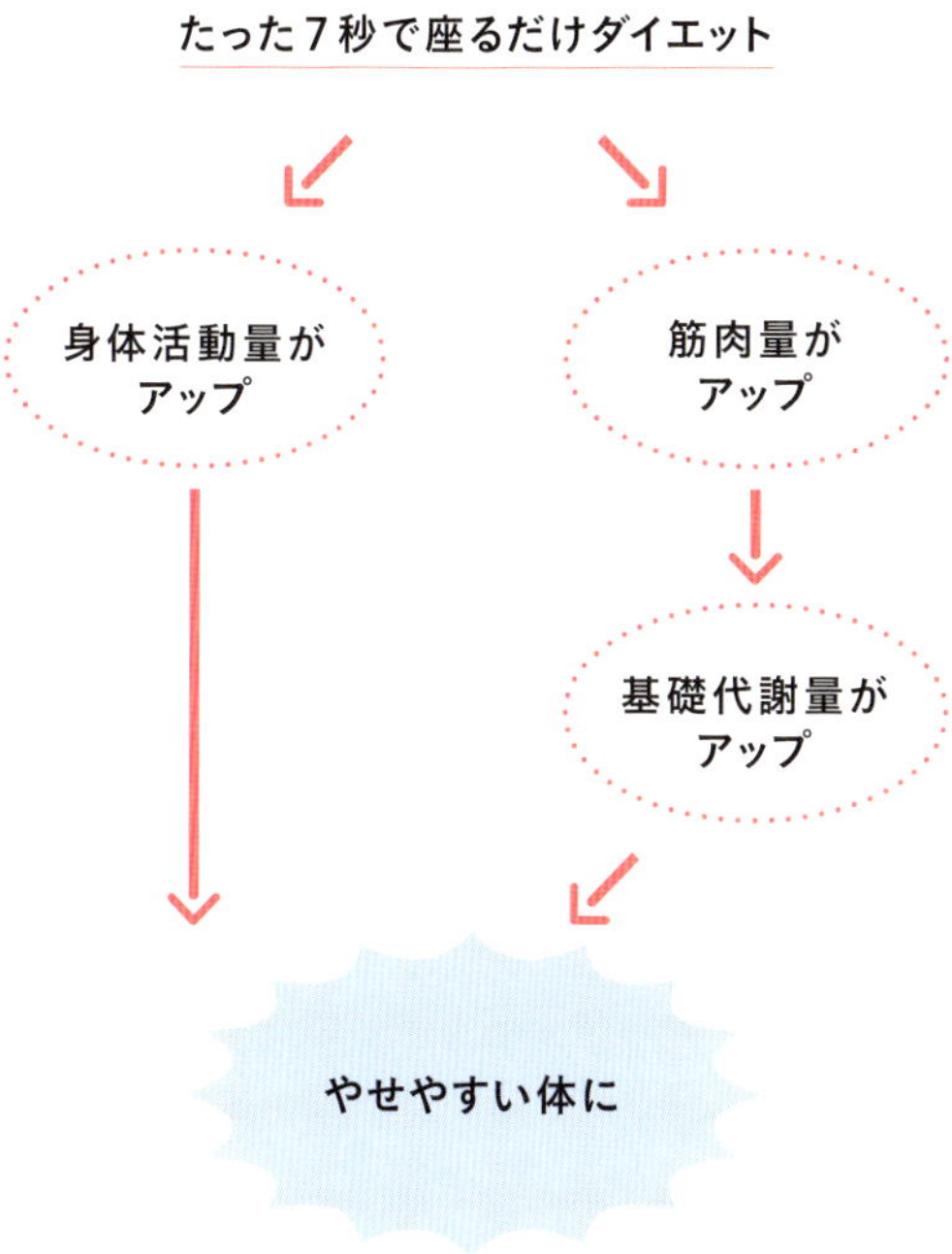
たった7秒で座るだけダイエット
身体活動量がアップ
筋肉量がアップ
基礎代謝量がアップ
やせやすい体に

日常の身体活動量が増えるだけでなく、筋力のアップによって全体のエネルギー消費量の約60%をしめる基礎代謝量が増え、さらにやせやすい体になります。

たった7秒で座るだけダイエットはいいことだらけなんです。
Dr. Kudo's voice

たった7秒で座るだけダイエットの
ここがスゴイ3

尿漏れ、便秘、腰痛……不快なトラブルもスッキリ

膀胱や直腸、子宮など、骨盤内の臓器を支える筋肉が骨盤底筋群です。排尿や排便のコントロールに関わる骨盤底筋群は、加齢のほか、女性では出産によって衰えやすいのが特徴です。骨盤底筋群が衰えると、尿道を締める力が弱まってしまうため、中高年女性の大きな悩みの一つである尿漏れの原因になります。また、骨盤底筋が緩むにつれ、直腸に便が下りてきても便意を感じにくくなり、便秘につながるおそれもあるのです。

「たった7秒で座るだけダイエット」は、これらトラブルの改善にも有効。エクササイズでは、骨盤底筋群とつながる太ももの内側の筋肉・内転筋が鍛えられます。内転筋を鍛えることで骨盤底筋群も連動して強化されるため、正常な排泄コントロールを取り戻すことも不可能ではないのです。

さらに、長時間のデスクワークによる腰痛にも効果が期待できます。座った姿

勢を長く続けると上半身と下半身をつなぐ大腰筋が収縮します。これが骨盤のゆがみにつながり、腰への負担となり腰痛を引き起こすのです。「たった7秒で座るだけダイエット」で大腰筋を鍛えれば、このような腰痛の防止にも役立ちます。

お腹周りをすっきりさせる効果も

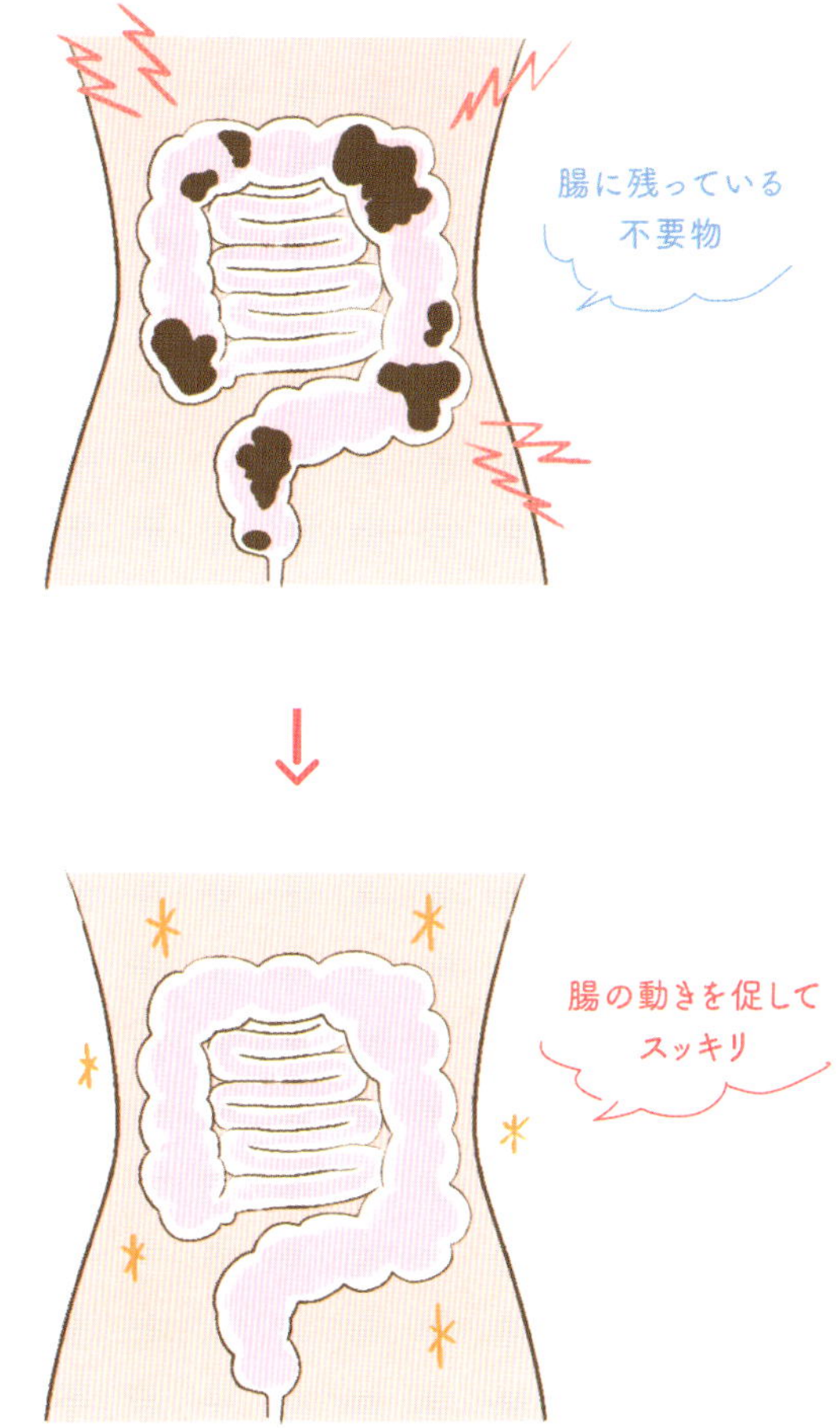
腸に残っている
不要物
腸の動きを促して
スッキリ

尿漏れや腰痛を改善させる効果だけでなく、エクササイズによって腸の不要物を押し出す力を助ける効果も。P.50の応用①のエクササイズが効果的です。

たった7秒で座るだけダイエットのここがスゴイ4

自律神経のバランスが整い心身ともに快調に

「たった7秒で座るだけダイエット」には、内臓の働きを調整する自律神経のバランスを整える効果もあります。自律神経には、活動時に優位になる交感神経と、休息時に優位になる副交感神経があり、両者がバランスを取り合いながら全身の機能を保っています。

しかし、自律神経のバランスもまた筋肉と同様、加齢とともに衰えるもの。特に日々ストレスにさらされている人は、交感神経が活発に働きがちで、心身の興奮状態がなかなか解けません。血管が収縮するために動悸がしたり、血圧が上がったり、イライラしたりと、さまざまな心身の不調があらわれてきます。

そんなときは、「たった7秒で座るだけダイエット」を実践してみてください。ゆったりとした呼吸とともにエクササイズを行うことによって副交感神経が刺激され、活発になった交感神経の働きが抑えられます。その結果、乱れた自律神経のバランスが整い、心も体もスッと落ち着くはずです。

また、エクササイズでは、血液を送るポンプの役割を担う下半身の筋肉を使うため、血流の促進効果も。自律神経のバランスが崩れることによる肩こりや頭痛、冷え性などの不調も、血流が良くなることで改善に向かいます。

イライラや不調を改善!

↓

自律神経のバランスが崩れると免疫力の低下や、肩こり、頭痛などのさまざまな不調を引き起こします。エクササイズは、加齢とともに鈍っていく自律神経の働きをバランスよく整えます。

たった7秒で
座るだけダイエットの
ここがスゴイ 5

肉体的にも精神的にも
ぐんぐん若返る！

「たった7秒で座るだけダイエット」の効果が実感できるようになると、体だけでなく精神にも良い影響があらわれます。体重が減り始め、体つきが引き締まってくれば、もっと美しくなりたい、もっと健康になりたいという欲求が出てくるもの。ますます前向きにダイエットにのぞめるでしょう。

また、きつい運動や厳しい食事制限だけのダイエットに比べて、「たった7秒で座るだけダイエット」は、これまでダイエットに挫折した経験を持つ人にも成功しやすいダイエットです。成功体験が自信につながり、ダイエット以外のことにも生き生きと取り組めるにちがいありません。

若返り効果も期待できます。活動的になって、若い頃のように何か新しいことに挑戦したくなる人も少なくないでしょう。

内面だけではありません。猫背が改善し、美しい姿勢がキープできるようになるため、見た目年齢がぐっと若返るのです。

「たった7秒で座るだけダイエット」は、あなたの体にも心にも良い作用をもたらしてくれるでしょう。

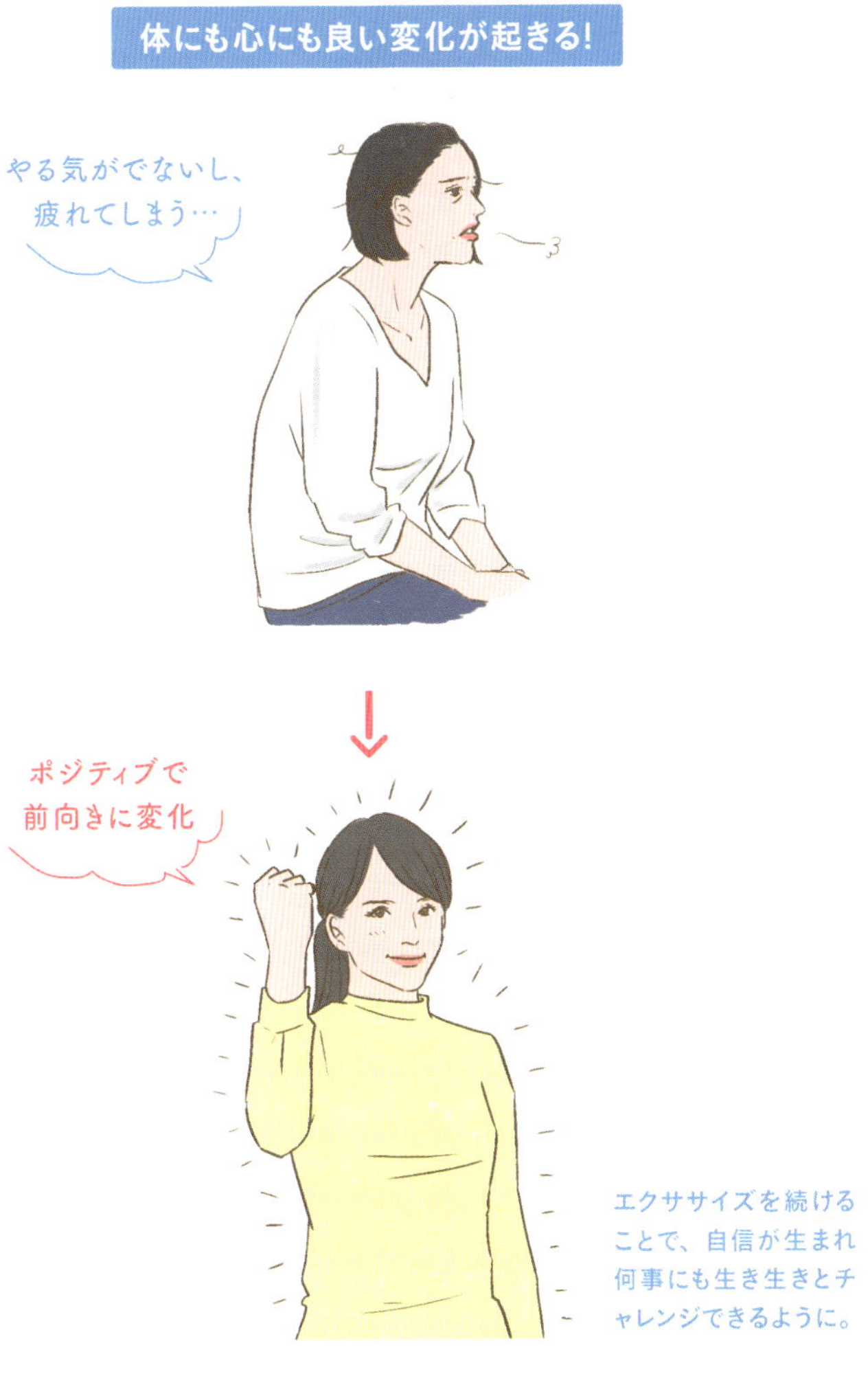
体にも心にも良い変化が起きる!
やる気がでないし、
疲れてしまう…
ポジティブで
前向きに変化
エクササイズを続けることで、自信が生まれ何事にも生き生きとチャレンジできるように。

Dr. Kudo's voice
たった7秒で座るだけダイエットで心も体も美しく、楽しい毎日を過ごしましょう!

あなたのやせられない理由がわかる！太りやすさチェックリスト

生活習慣、食行動、マインドの3つの質問項目から、
あなたがやせられない理由はどこにあるのかを明確にできます。

生活習慣編

電車よりも車で移動することが多い　YES or NO
階段よりもエスカレーターやエレベーターをよく使う　YES or NO
時間に余裕がなくいつも慌ただしい　YES or NO
立っている時間よりも座っている時間が長い　YES or NO
1日の睡眠時間が7時間未満だ　YES or NO

食行動編

食事を残すことに罪悪感がある　YES or NO
満腹でも口寂しくて食べることがある　YES or NO
あまり噛まない、または早食いだ　YES or NO
柔らかいものや食感の軽いものが好き　YES or NO
落ち込んでいても食べれば気分が晴れる　YES or NO

マインド編

やせられないのは意志が弱いせいだ　YES or NO
一度失敗するとやる気をなくしてしまいがち　YES or NO
飽きっぽい性格だ　YES or NO
日常で笑顔になることが少ない　YES or NO
人の言うことを素直に聞けない　YES or NO

【生活習慣編】　…　Yesが3つ以上
あなたがやせられないのは生活習慣に原因があるのかも？　体をこまめに動かし、規則正しい生活を。
【食行動編】　…　Yesが3つ以上
あなたがやせられないのは食行動に問題があるのかも？　食事内容や食べ方を見直しましょう。
【マインド編】　…　Yesが3つ以上
あなたがやせられないのは考え方が間違っているせいかも？　意識改革が必要です。

CHAPTER

2

たった7秒で座るだけ ダイエット実践編

たった7秒で座るだけダイエットの
基本的なやり方とルール、
注意点などをこの章でみていきましょう。
立ち仕事で日常動作で座ることが少ない人は、
トレーニングとしてエクササイズを行うこともできます。

基本をおさえよう

たった7秒で座るだけダイエットのルールとポイント

「たった7秒で座るだけダイエット」は、日常生活中の「椅子に座る」という動作をダイエットに発展させたもの。次のような手順とルールで行います。

①両腕を肩の高さまで上げて背筋を伸ばす
②声に出して7秒数えながら椅子に腰を下ろす
③座面にお尻が付いたら1秒で立ち上がる

ポイントは、かかとに重心を置くことと、上体をまっすぐに伸ばすこと。これによって下半身が鍛えられるほか、両腕を上げることにより腹筋や背筋、内臓が引き上げられるため、上半身の引き締め効果も期待できます。

この動きを、1日10回を目安に行います。座る頻度に応じて回数を増やしても構いません。7秒かけるのが難しい人は、まずはゆっくりと座ることを意識し、少しずつ慣らしていくようにしてください。

※キャスター付きの椅子はNG。必ず脚の安定した椅子を使用してください。

日常生活の“座る”タイミングに合わせて7秒かけてゆっくり腰を下ろすだけ

いーち、にーい、さーん……

7秒ゆっくり数えながら座ることで、無意識に呼吸が止まってしまうのを防げます。

慣れるまでは違和感がありますが、当たり前に7秒かけて座る習慣がつけばOK!

Dr. Kudo's voice

エクササイズとして集中的に行ってもOK

「たった7秒で座るだけダイエット」をエクササイズとして集中的に行う方法もあります。立ち仕事の人や椅子に座る頻度の少ない人、時間を決めて行いたい人、しっかりと負荷をかけて行いたい人などにおすすめです。

前ページで紹介した①～③の手順を10回連続して行います。都合のいい時間に行って構いませんが、できれば毎回同じタイミングで取り組むのがベター。「朝食前、席に着くとき」とか「夕食後、テーブルを離れるとき」など、「座る」という動作を絡めた一定のタイミングにすると、習慣として定着させやすいでしょう。

また、集中的なエクササイズとして行う場合は、筋肉への負担も大きくなります。エクササイズは毎日行わず、2日に1回のペースを守りましょう。筋肉には運動後24～48時間休ませることで、より大きな筋肉へと成長する「超回復」のしくみがあります。「エクササイズは毎日やらないと効果がない」という誤った認識を持ってしまいがちですが、**実際は2日に1回のペースが、筋肉量を増やすにはより効果的**なのです。

次ページ以降で、「たった7秒で座るだけダイエット」の基本動作のほか、いくつかの応用エクササイズをご紹介します。自身の体力やダイエットの目的に合わせて、負荷の大きさや回数などをアレンジして取り組んでください。

食事の後に10回やろう!

食事が終わった後、
食器を片づける
タイミングでやる!

自分の生活の中でやるタイミングやシチュエーションを決めると忘れずに行うことができます。

Exercise 1

「たった7秒で座るだけダイエット」の基本動作

1日10回を2日に1度

「たった7秒で座るだけダイエット」の基本動作です。正しいフォームをキープしながら7秒数えることで、全身が鍛えられます。

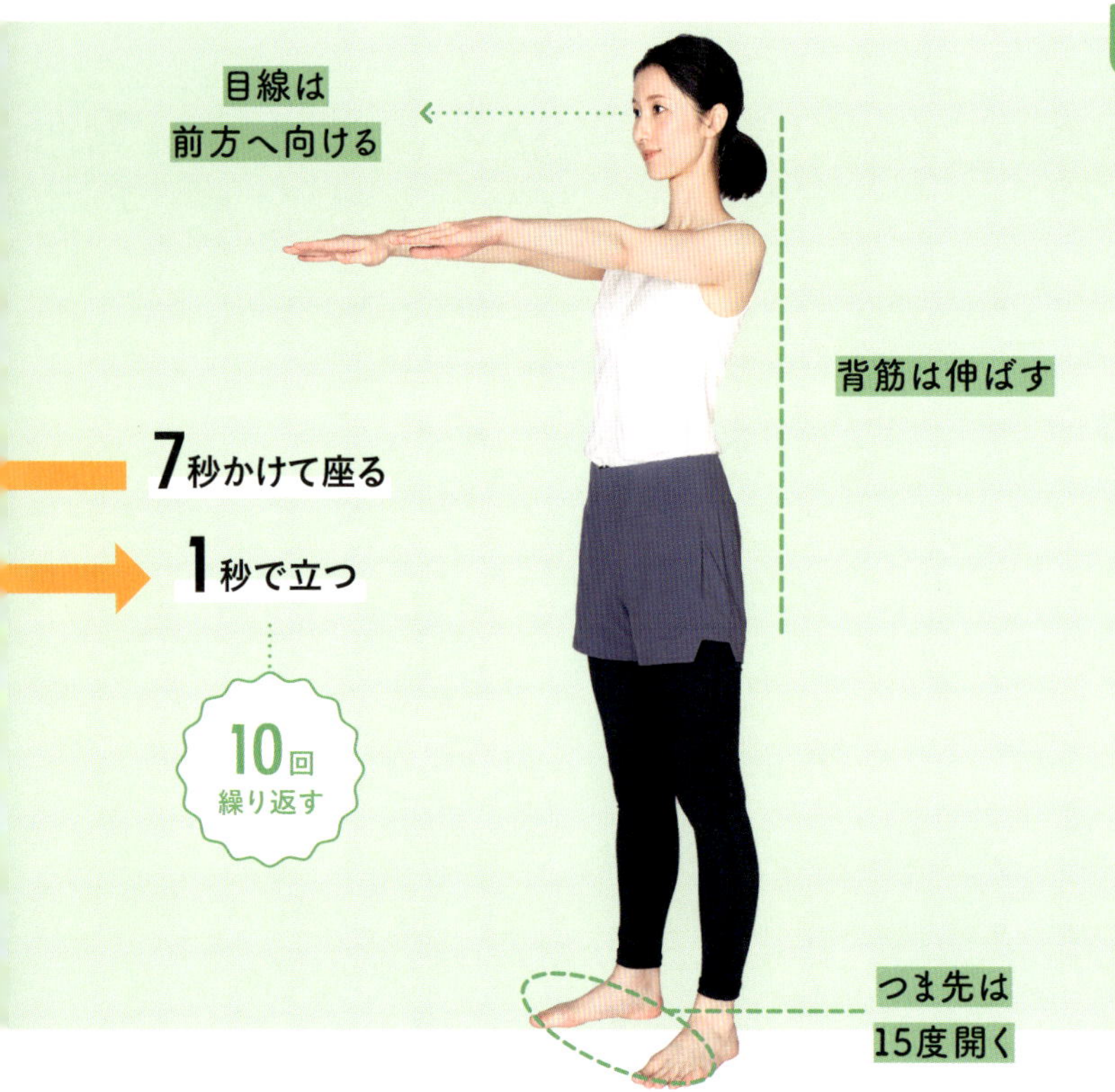
目線は
前方へ向ける
背筋は伸ばす
7秒かけて座る
1秒で立つ
10回
繰り返す
つま先は
15度開く

Step 1 椅子の前に立ち両腕を伸ばす

脚を肩幅よりやや広げて、椅子の前に立つ。両足のつま先はやや外側に向ける。両腕を肩の高さまで上げてまっすぐに伸ばす。

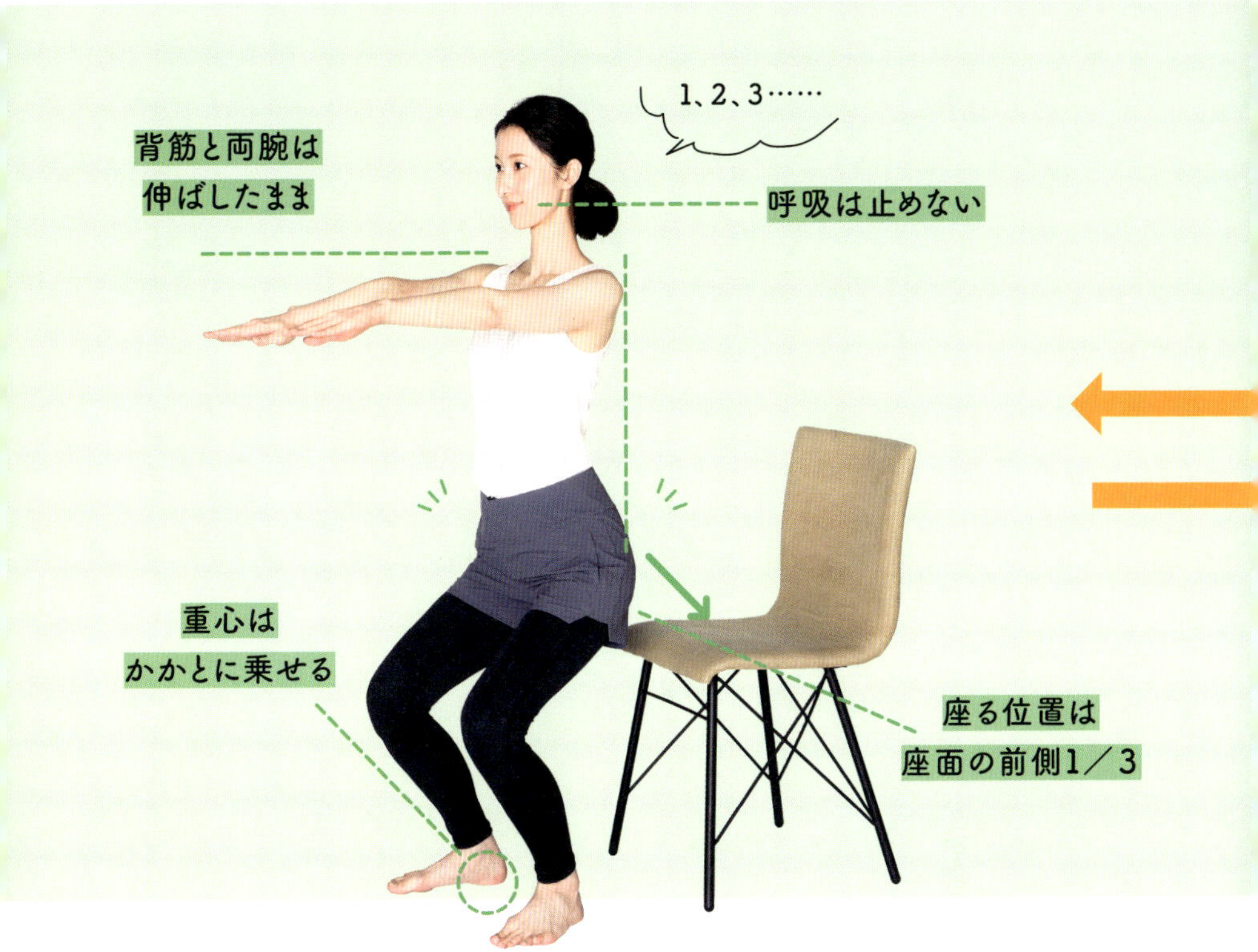

Step 2 7秒数えながら ゆっくり座る

7秒数えながら、ゆっくりと椅子に座る。椅子にお尻が付いたら、1秒で立ち上がる。再びStep1に戻り、10回繰り返す。

NG ×

背筋が曲がって重心が前方になっている。これでは下半身に負荷がかからない。

注意点

椅子が動かないよう注意してください。ガタつきのある椅子、キャスター付きの椅子は絶対に使用しないでください。バランスを崩しても危険のないよう、周囲の安全を十分に確認してからエクササイズを行ってください。

Exercise 2

応用❶ ひねりを加えた動作

7秒で座る動作にひねりを加えます。腸を刺激するため便秘に悩む人、またウエストにくびれをつけたい人にもおすすめです。

左右交互に5回ずつ 計10回

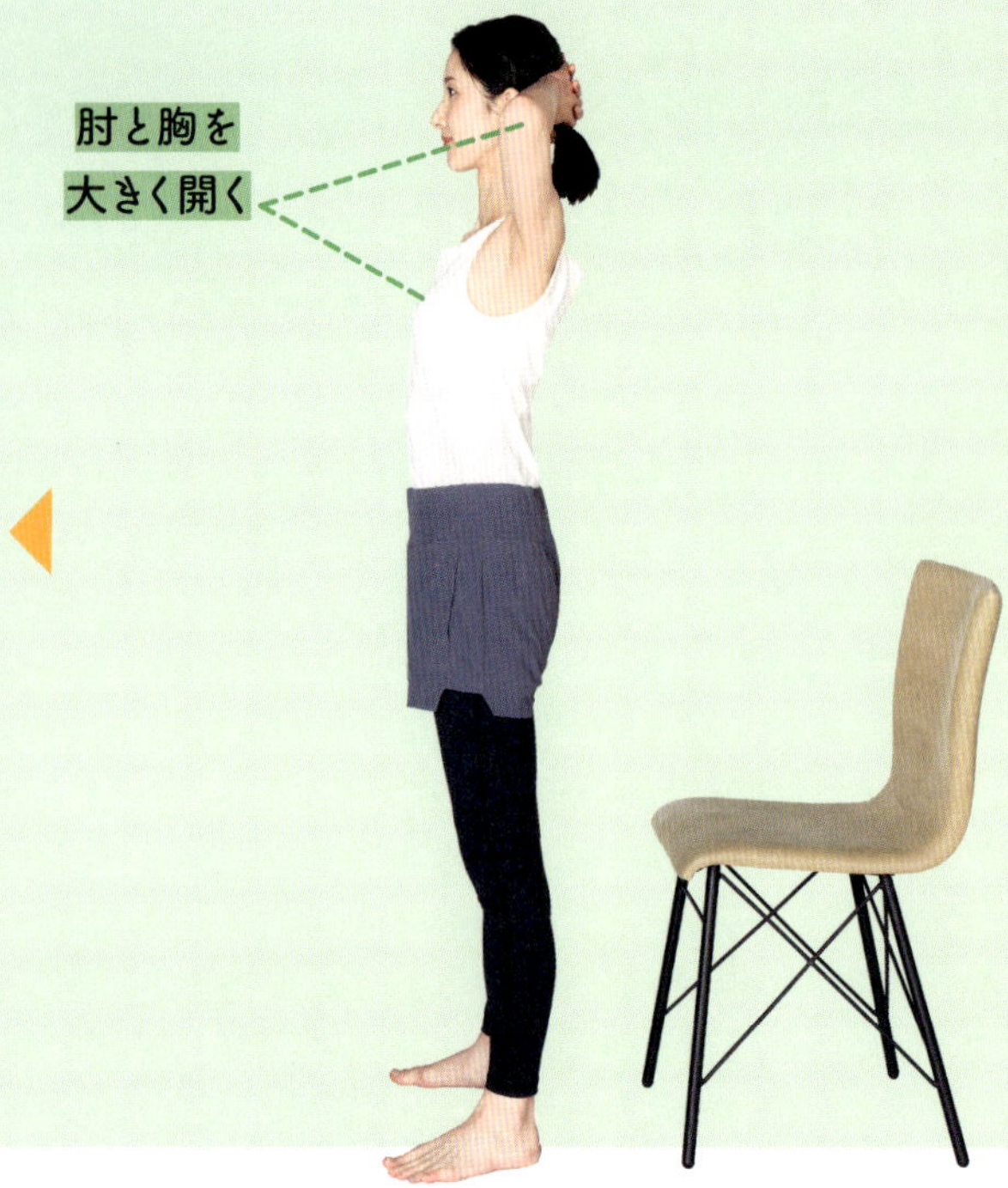

Step 1

頭の後ろで手を組んで立つ

頭の後ろで両手を組む。このとき肘が内側に入らないように注意。背筋を伸ばして椅子の前に立つ。

上半身をひねるとき、下半身は正面を向いたままになっていることを確認。

Step 2 ７秒かけて腰を下ろす

7秒数えながら、ゆっくりと椅子に腰を下ろす。

Step 3 座ったまま上半身をひねる

椅子にお尻が付いたら、座ったまま上半身をひねる。再び体を正面に戻して立ち上がる。これを左右交互に繰り返す。

NG ×

肘の位置がずれて上半身が崩れている。筋肉を傷めるおそれがあるので注意！

Exercise 3

応用❷ボクシングの動きを加えた動作

左右交互に5回ずつ計10回

ボクシングのような動きを取り入れて、運動負荷をアップ。有酸素運動にもなり、脂肪の燃焼が加速します。ダイエットの結果を早く出したい人に。※椅子は使用しません。

Step 1

腰を落として拳を構える

脚を肩幅よりやや広く開き、軽く腰を落とす。顎の下あたりで軽く拳を握り、構える。

Step 2 斜め前方に向かって拳を突き出す

伸び上がりながら斜め前方に拳を突き出し、すぐにStep1の体勢に戻る。

Step 3 反対側に拳を突き出す

Step2とは反対側に拳を突き出し、Step1の体勢に戻る。これを左右交互に繰り返す。

NG

スピードが速くなり過ぎないよう注意。1回1回、しっかりとフォームを作ること。

Exercise 4

応用❸ 壁を支えにして行う動作

壁に背中を付けて行うエクササイズ。背筋を伸ばす感覚をつかむのに役立ちます。運動に慣れていない人や、転倒が心配な人に。※椅子は使用しません。

1日10回

Step 1

壁にぴったり背中を付けて立つ

両腕を胸の前でクロスさせ、背中がぴったりと壁に付くようにして立つ。脚は壁から少し離す。

NG ×

後頭部や肩が壁から離れてしまい、背中が丸くなるのはNG。必ず背筋をまっすぐに。

腰を落とす深さは、
太ももと床が
平行になる手前まで

Step 2 背中を付けたまま7秒かけて腰を落とす

壁に背中を付けたまま、7秒数えながら腰を落とす。

Step 3 背中を付けたまま立ち上がる

壁に背中を付けたまま立ち上がり、Step1の姿勢に戻る。これを繰り返す。

CHECK!

下半身にかかる負荷は、脚の開き幅によって変わる。大きく開くほど負荷がアップ。

Attention Points

「たった7秒で座るだけダイエット」の注意点

安全な椅子を使用する

まわりを見てから
行いましょう

「たった7秒で座るだけダイエット」のエクササイズは、周囲に危険なものがないか、必ず確認をしてから行ってください。万一転倒した場合に備え、近くに椅子以外のものを置かないようにしましょう。また、椅子はガタつきがなく、脚の安定したものを用意すること。特に、キャスター付きの椅子は、座る動作の際、尻もちや転倒をまねきやすく、ケガにつながるおそれがあるため大変危険です。椅子の高さにも注意しましょう。座面の高さは膝の辺りがベストです。座面の低い椅子や、ソファのように体が沈むタイプは不向きです。

2 異変を感じたらすぐに中止を

エクササイズを行う頻度は、2日に1回をおすすめしています。超回復によって筋肉量を増やす目的もありますが（詳しくはP46を参照）、エクササイズで疲労した筋肉を十分に休ませることによって、ケガやトラブルを防ぎ、無理なく継続していただくためでもあります。もし2日たっても筋肉痛が残っている場合は、さらにもう1日、筋肉を休ませてあげましょう。

また、膝や腰に筋肉痛とは異なる痛みが生じたり、体調に異変があらわれたりしたときは、すぐにエクササイズを中止してください。強い痛みや腫れが数日たっても治まらない場合には、必ず医師の診察を受けましょう。

「座る」だけじゃない！ 日常のエクササイズ

日常動作と絡めて行えるエクササイズは、「座る」以外にもあります。特にいつでも気軽に取り組むことができ、筋力アップの効果も高いのが「カーフレイズ」です。下半身の大きな筋肉の一つであるふくらはぎ（腓腹筋とヒラメ筋）を鍛えるエクササイズで、脚の引き締めや基礎代謝量の向上がのぞめます。壁のある場所ならどこでもできますし、電車の吊革につかまりながらでもOK。エクササイズ後はふくらはぎのストレッチを忘れずに。

カーフレイズの基本動作

1. 壁に手を付く
2. ゆっくりとかかとを浮かせながらつま先立ちになる
3. かかとを最大限まで引き上げたら、そのまま2～3秒キープ
4. ゆっくりとかかとを下ろす
5. これをふくらはぎに疲労を感じるまで繰り返す

CHAPTER

3

ダイエットを加速させる生活習慣

たった7秒で座るだけダイエットにプラスして取り入れたい、
食事法や生活習慣をご紹介します。
エクササイズなどの日常の動作に加え、
食事や睡眠などの生活面を意識するだけで、
ダイエットがより加速していきます。

生活習慣の見直しでやせ体質に！

生活全般を見直して**やせるクセ**をつける

私たちが目指す「やせやすい体」とは、特別なダイエットをしなくても太りにくく、スリムな状態を維持できる体のこと。そんな"やせ体質"に生まれ変わるには、「たった7秒で座るだけダイエット」のような日常的な身体活動に加え、生活習慣全般を見直し、やせるクセをつけていかなくてはなりません。

真っ先に取り組みたいのが食生活の見直しです。食べ過ぎないことはもちろんですが、食べる順番や、食べる時間なども太りやすさに影響します。いつ、何を、どのように食べればいいのか、肥満のメカニズムを知り、やせやすい食べ方を身につけましょう。睡眠も無視できません。睡眠時間と太りやすさには深い関係があることが、研究によりわかっています。

食事、睡眠、そして身体活動。これらの生活習慣が重なり合ってやせ体質はつくられます。生活習慣を見直すといっても、それほど難しいことではありません。

ちょっとした意識の変化と心がけ次第で、やせるクセは自ずとついていくのです。

やせ体質になるために大切なこと

バランスの良い
食生活

食事

7時間以上の
睡眠がベスト

睡眠

日常生活で
どれだけ動けるか

日常の身体活動

やせ体質になるためには食事、睡眠、日常の身体活動の3つが重要。一度にすべて改善するのは難しくても、ひとつずつ見直していきましょう。

やせグセを身につける 1

毎日体重を量ってグラフにする

私のダイエット外来にやって来る患者さんには、毎日体重を量ることを約束してもらっています。起床直後、朝食直後、夕食直後、そして就寝直前と、1日4回体重を量り、専用のグラフに記録するようお願いしているのです。

目的はふたつ。ひとつは、1日ごとの体重の変化を視覚化することで、ダイエットの進め方を臨機応変に見直すためです。なかでも欠かさずに続けてほしいのが、起床直後の体重測定。まだお腹が空っぽの朝いちばんの体重が、その人本来の体重です。もし前日よりも増えていれば、食生活を見直したり、活動量を増やしたりといった調整を、その日のうちに行うことができます。ふたつ目は、ダイエットのやる気をアップさせるため。折れ線グラフが徐々に下がっていくのを目で確認し、ダイエットを続けるモチベーションにつなげてほしいのです。

やせるクセをつけたいなら、毎日必ず体重を量ることを習慣にしましょう。

体重管理チェックシート （グラフ記入例）

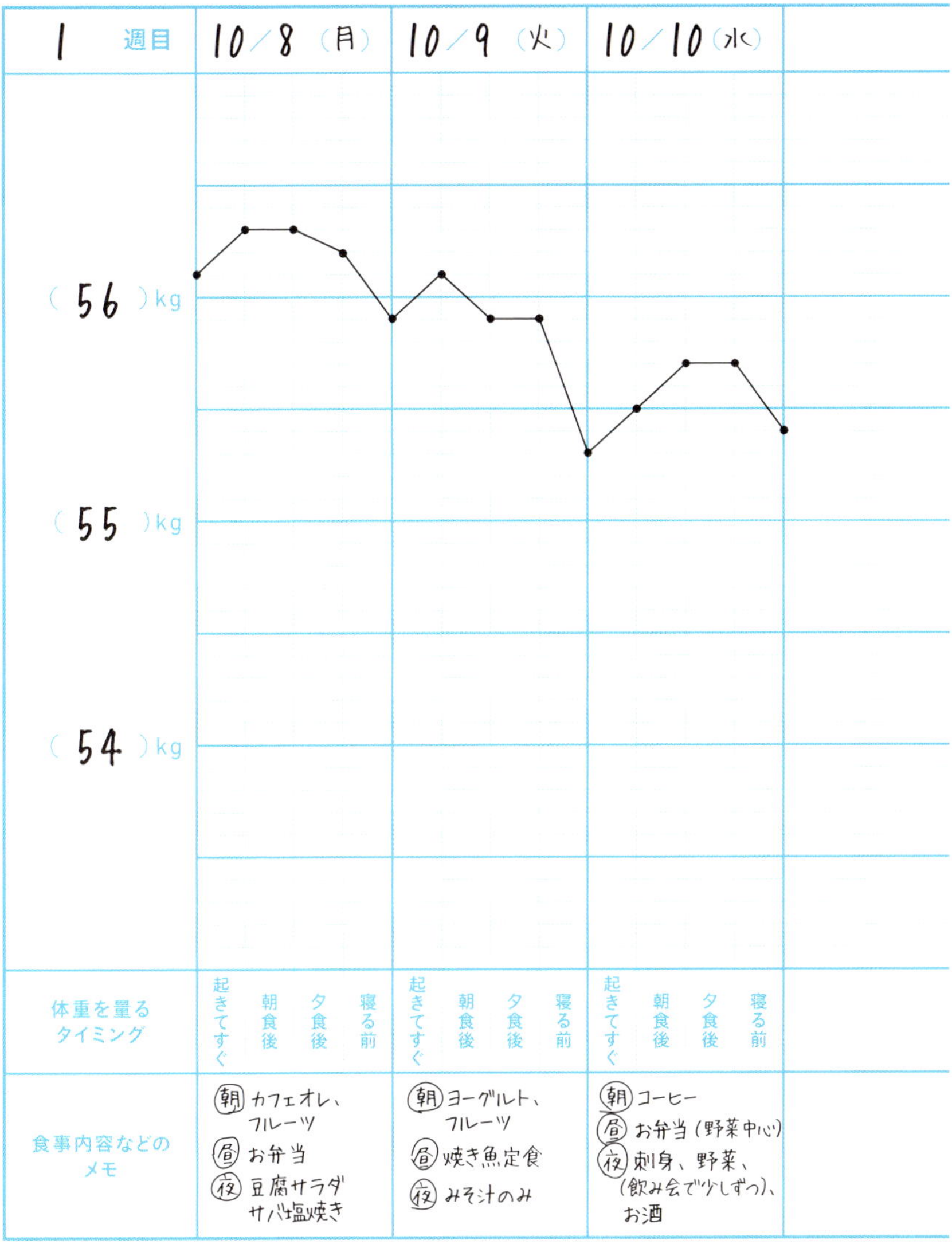

巻末のグラフを利用し、毎日体重を量って記録しましょう。

- 体重を量るのは起床直後、朝食直後、夕食直後、就寝直前の1日4回。
- トイレを済ませてから、服を脱いで量りましょう。
- 縦軸のいちばん上の（　）kgには、ダイエットスタート時の体重を記入（56.5kgなら56と記入）。
  その下には1kgずつマイナスした数字を書き込みます。

やせグセを身につける 2

無理なく達成できる1日単位の減量目標を

ダイエットをがんばるには、目標の立て方にも工夫が必要です。私は、「1ヵ月で絶対5kg！」というような厳しい目標設定にはあまり賛成できません。高すぎる目標は挫折やリバウンドのもと。患者さんには、「結婚式までにできる限りやせる」くらいの、ゆるい目標を立てるようアドバイスしています。

とはいえ、自分にプレッシャーをかけないとがんばれない人もいると思います。そんな人には、1日単位の減量目標を立てることをおすすめします。たとえば、1週間で1kgやせたいなら1日143g、1ヵ月で3kgなら1日100gと、1日あたりの減量目標を逆算するのです。1日単位の目標があると減量ペースを把握しやすくなります。毎日記録する体重グラフと照らし合わせ、必要に応じてダイエットの進め方を見直したり、目標自体を検討し直したりもできます。また、毎日目標を意識することは、ダイエットの緊張感を持続させるためにも有効です。

目標体重に到達しても、それでゴールではありません。生活習慣を元に戻してしまえばリバウンドへまっしぐらです。達成後も引き続き「たった7秒で座るだけダイエット」を継続し、スリムな体を維持することを新たな目標としてください。

**1か月で……と
目標を決めると**

がーん、また
太ってしまった……

**あえて目標を
決めずにやると**

少し太ってしまったけど
今からできることをしよう！

おすすめの食事法 1

ゆとり糖質オフでやさしい食事制限

やせたいからといって厳しい食事制限をするのは逆効果ですが、やはりある程度の食生活の見直しは必要です。そこで私が提案したいのが、「ゆとり糖質オフ」という考え方です。近頃、ご飯やパンなどの主食を完全に抜く糖質制限ダイエットが流行していますが、こうした極端な方法は必ずリバウンドをまねきますし、栄養バランスが崩れるため健康面でもＮＧです。一方で、私が提案するゆとり糖質オフは、余分な糖質の摂取を抑えながら、バランスの良い食事がとれる健康的な食事法です。

ゆとり糖質オフでは、朝昼晩の食事や間食で、ご

〜ゆとり糖質オフの基本〜

1.ご飯やパンは半分に

2.おかずはしっかり

3.食物繊維を十分に

4.3食バランス良く

飯やパンなどの糖質をとることができます。ただ、その量については普段の半分程度に。減らした分のエネルギーや栄養素を補うため、肉や魚、豆類、乳製品など、たんぱく質や脂質を含むおかずはしっかりとってください。さらに食物繊維も十分にとりましょう。血糖値の急上昇を抑えたり、便通を良くしたりと、ダイエット中にうれしい効果がたくさんあります。そして、3食バランス良く食べること。栄養バランスを整えるよう意識することは、ダイエットだけでなく、生活習慣病予防にも役立ち、一挙両得です。

急激に糖質量を減らすことなく、バランスの良い食事を意識するゆとり糖質オフは、100点満点の食生活です！

Dr. Kudo's voice

1日の糖質摂取量

3食＋間食で
合計**100g**

朝食…30g
昼食…30g
間食…10g
夕食…30g

※糖質30gの目安→
白米約80g、食パン（6枚切り）約1枚

おすすめの食事法2

オメガ3を含む油を積極的にとる

ダイエット中は糖質を控える代わりに、積極的にとりたいものもあります。それが「オメガ3系脂肪酸」（以下オメガ3）と呼ばれる脂質です。カロリーの高い脂質はダイエット中にはNGと考えられてきました。しかし、オメガ3は適量をとることで、ダイエットや健康に役立つ効果が期待できることがわかってきたのです。オメガ3には、①体温を上げる、②中性脂肪の合成を抑える、③血流を良くする、といった作用がありやせやすい体になれるというのです。

オメガ3はアマニ油やエゴマ油、チアシードオイル、青魚の油などに含まれています。人の体内でつくることのできない必須脂肪酸のため、これらの油から意識してとることが重要です。オメガ3は熱に弱いため、炒め物や揚げ物などの調理に使うのは控えてください。毎日小さじ（スプーン）1杯をそのまま飲むか、直接料理にかけてとりましょう。

オメガ3でやせる理由

1. 体温が上がる

オメガ3が体内に入ると、体温を上げるスイッチが反応。脳からの指令で体温調整に関わる細胞が活性化されます。体温が上がることで代謝が活発になり、やせやすい体に。

2. 中性脂肪の合成を抑える

摂りすぎたエネルギーは肝臓で中性脂肪に合成され、皮下脂肪や内臓脂肪として蓄えられます。オメガ3には中性脂肪の合成を抑える働きがあり、体脂肪の増加を防ぎます。

3. 血流を良くする

オメガ3には血管を拡張させる作用もあります。血液の流れが良くなり、全身の隅々まで酸素が送られます。循環が良くなることで代謝が上がり、やせやすくなります。

脂肪酸の種類

飽和脂肪酸

・バター
・牛や豚肉の脂身

不飽和脂肪酸

多価不飽和脂肪酸

オメガ3系
・アマニ油
・エゴマ油
・サバ、サンマなどの青魚

積極的にとりたい

オメガ6系
・ゴマ油
・植物油

一価不飽和脂肪酸

オメガ9系
・オリーブオイル
・アボカド

おすすめの食事法3

食べる順番に気をつけて血糖値の乱高下を防ぐ

同じ献立でも、食べる順番によって太りやすさに違いがあるのをご存じでしょうか。そこには血糖値が大きく関係しています。ご飯やパンには、体に吸収されやすい糖質が多く含まれています。食事の最初や空腹時にこうした食品をとると、血管内に糖が一気に取り込まれ血糖値が急上昇します。すると、血糖値を下げようと、すい臓からはインスリンが分泌されます。インスリンには余った糖を脂肪に変えて蓄える働きがあり、これが肥満の原因になってしまうのです。さらに、インスリンにより血糖値が急激に下がると、今度は強い空腹感が起こります。おやつの時間に無性に甘いものが欲しくなるのはこのためです。

こうした血糖値の乱高下は、食べる順番を工夫することで防止できます。野菜やきのこ、海藻など、糖質が少なく食物繊維を多く含む食品で、まず空腹を満たしましょう。次に、肉や魚などメインのおかずを。肉や魚に含まれる脂質も、糖の吸収を穏やかにしてくれます。そして、ご飯やパンなど、糖質の多い食品は最後に。この順番が、血糖値を乱高下させない、太りにくい食べ方です。

食べる順番についてポイントがもうひとつ。最後の一口は、自分の好きなものを食べて終えること。これだけでも食事の満足感が上がり食べ過ぎを防げるのです。

食べる順番

どのような献立でも基本は同じ。次の順番に当てはめて食べましょう。

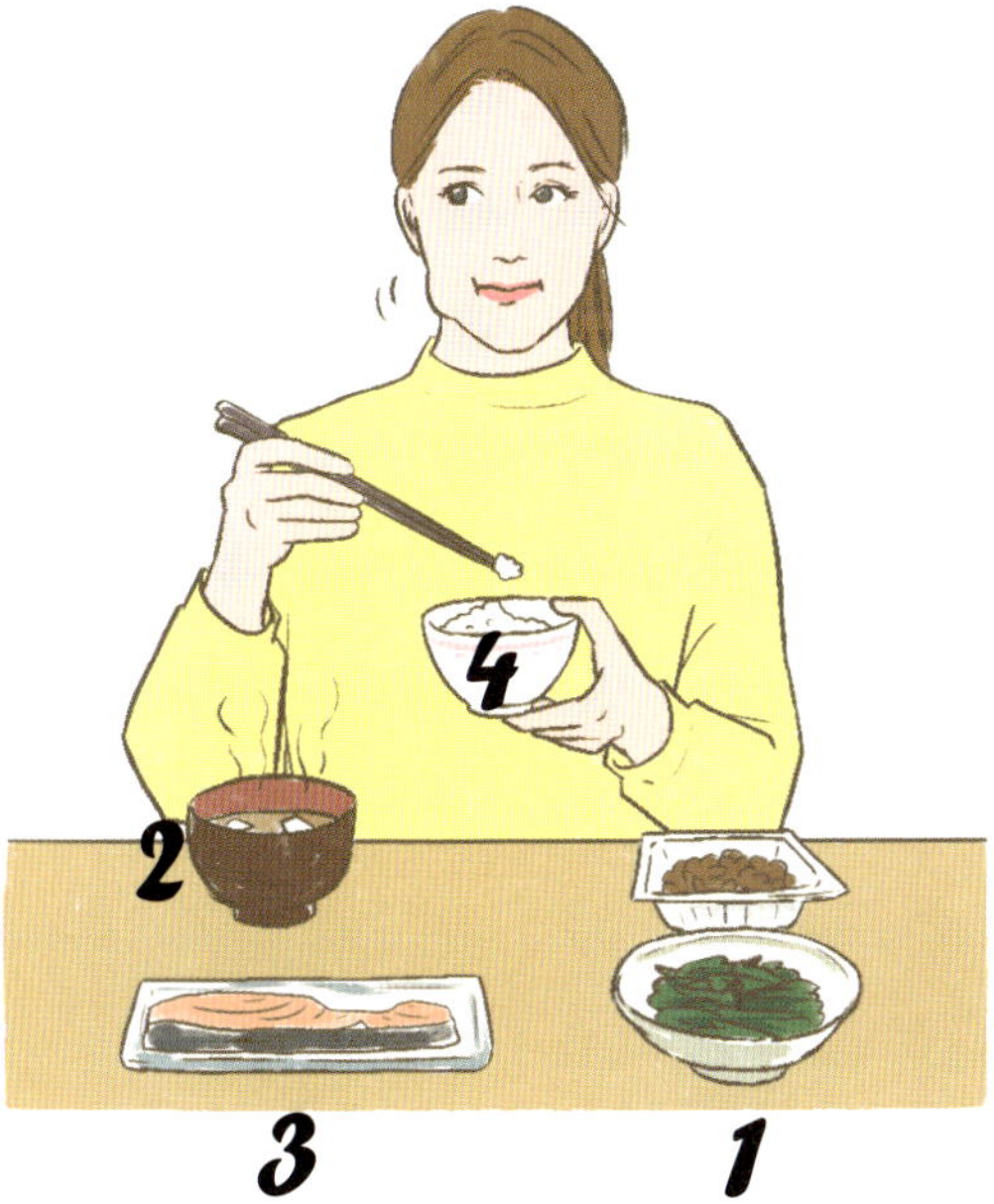

1.野菜のおかず

2.汁もの

3.肉や魚のおかず

4.ご飯やパンの主食

5.好きなもの

おすすめの食事法4

おやつを食べるならメニューと時間に注意

ダイエット中は、いつも以上におやつが恋しくなるもの。おやつの内容や食べる時間に注意し、量を控えめにさえすれば、おやつを食べても構いません。**ベストなおやつは、糖質が少ないチーズやナッツ**です。チーズには脂質やたんぱく質が豊富に含まれ、お腹を満足させてくれます。ビタミンAやビタミンB^{2}、カルシウムなど、ダイエット中に不足しがちな栄養素を補うこともできます。ナッツではアーモンドやクルミがおすすめ。アーモンドには血糖値の上昇や便秘を防ぐ食物繊維や、抗酸化作用の高いビタミンEが豊富。代謝をアップさせるオメガ3系脂肪酸を多く含むクルミも、ダイエットの強い味方です。

それでも、糖質の少ないおやつでは我慢できない日もあると思います。**どうしても甘いものが食べたいときは、食べる時間に注意をしてください**。人には体内時計をコントロールするB-MAL1という時計遺伝子があります。**B-MAL1**

には脂肪を増やす作用がありますが、朝10時から夕方16時の間はその活性が低下します。甘いおやつをとるなら、この時間帯を狙うとより太りにくいといえます。フルーツやスイーツを食べたければ、10時から16時までと心得ましょう。

B-MAL1（ビーマルワン）の活動時間

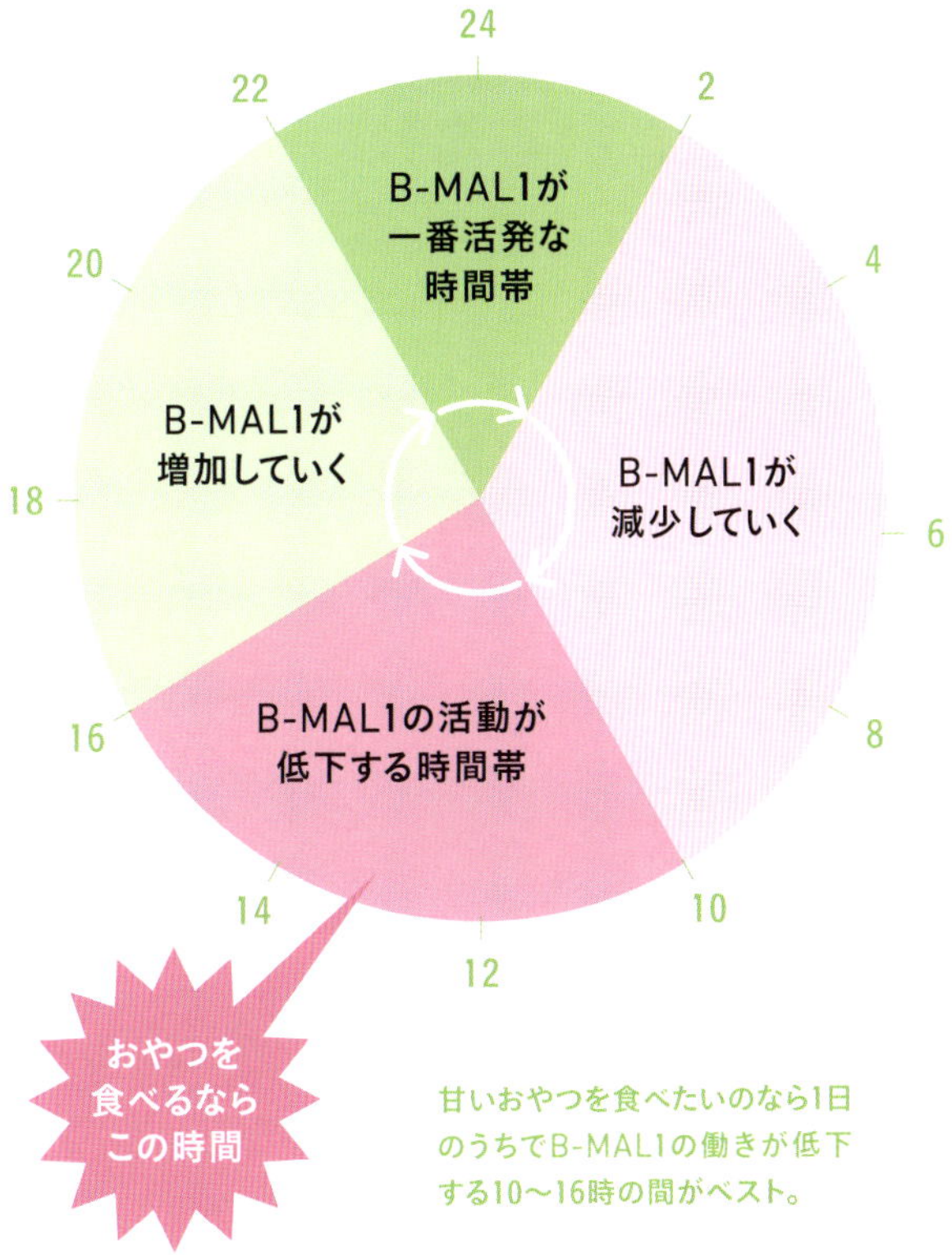
24
2
4
6
8
10
12
14
16
18
20
22
B-MAL1が一番活発な時間帯
B-MAL1が減少していく
B-MAL1の活動が低下する時間帯
B-MAL1が増加していく
おやつを食べるならこの時間

甘いおやつを食べたいのなら1日のうちでB-MAL1の働きが低下する10〜16時の間がベスト。

実は夜の20時にフルーツを食べるくらいなら15時にケーキを食べたほうがいいんです。
Dr. Kudo's voice

やせる生活習慣 1

やせたければ7時間睡眠がベスト

やせたい人に特に気をつけてもらいたいのが睡眠不足です。一見、寝不足のほうがエネルギーをたくさん消費できそうに思えますが、それは間違い。私は患者さんに、ダイエット中はできるだけ7時間睡眠を確保するようアドバイスしています。

その理由は、睡眠不足がドカ食いをまねくから。睡眠時間が短くなると、食欲を抑えるレプチンというホルモンの分泌が減る一方、食欲を増進させるグレリンというホルモンが過剰に分泌されるのです。食べるのを控えなければいけないときに、むしろ食欲がアップしてしまったらどうなるでしょう？　ストレスが爆発してドカ食いへと走り、やせるどころの話ではなくなってしまいます。

さらに、「たった7秒で座るだけダイエット」のエクササイズ効果も、睡眠不足では半減します。睡眠中には筋肉を大きくするために必要な成長ホルモンが分泌されるため、質のよい睡眠が欠かせないのです。

睡眠時間と肥満の関係を調べた研究では、睡眠時間が4時間以下の人は、7～9時間の人と比べて73％も肥満になりやすいというデータもあります。やせたければ、7時間の睡眠をとることに努めましょう。

やせる生活習慣2

7時間睡眠が無理なら睡眠の質を高めて

7時間睡眠をとるのが難しい人は、昼寝と合計して7時間でも構いません。それすら無理だという人は、できるかぎり睡眠の質を高める努力をしましょう。

睡眠の質を良くするには、まずスマホを遠ざけること。スマホやタブレットの液晶画面から発せられるブルーライトは、メラトニンという睡眠ホルモンの働きを抑制するため、寝つきが悪くなったり、夜中に目が覚めたりといった睡眠障害を引き起こします。睡眠不足を感じる日は、就寝の2〜3時間前にはスマホを手放し、部屋の灯りを落としてゆったりとくつろぎましょう。なかなか熟睡できない人は、横向きで枕を抱いて寝てみてください。胎児の姿勢になると、まるでお母さんのお腹の中にいるような安心感に包まれて、ぐっすりと眠れるはず。睡眠時無呼吸症候群やいびきも改善され、眠りが深くなります。

食からのアプローチも効果的です。睡眠と聞くと夜の行動に目を向けがちですが、朝食をしっかりと食べることで1日のリズムが整い、自然と質の高い睡眠へつながります。朝食で積極的にとりたいのが大豆製品や乳製品。メラトニンの原料となるセロトニンを生成するトリプトファンが含まれており、これらの食品を朝のうちにとることで、夜にはメラトニンの分泌が増え、眠気が促されます。

睡眠の質を高める方法

眠りが浅い人は
横向きで眠るのが
おすすめ

横向きに寝る

朝にしっかりと
ご飯を食べましょう

朝ご飯を食べる

メラトニンを増やすには、
夕食に納豆を食べたり、
寝る前にホットミルクを
飲んだりするのも有効。

食べ過ぎた後は 48時間以内が勝負

ダイエット中、つい食べ過ぎてしまっても諦めてはいけません! とり過ぎたエネルギーが肝臓で脂肪に変えられるまでには、約48時間の猶予があります。つまりこの間に手を打てば、食べ過ぎた分が脂肪に変わるのを防ぐことができるということ。新たに余分なカロリーをとらないよう注意しながら、下記のような食品で血糖値の上昇を抑え、脂肪の燃焼を促しましょう。多少の食べ過ぎならリカバーできますから、自暴自棄にならず、落ち着いてダイエットを続けてください。

乳製品……	食前に無糖ヨーグルトやチーズをとることで、血糖値の急上昇が抑えられます。
酢……	血糖値の上昇を防ぎます。酢の物やお酢ドリンクのほか、料理にそのままかけても。
ビタミンB群を含む食品……	レバー、卵、玄米、豆類など。糖質や脂質の代謝を促し、脂肪を燃焼させます。

CHAPTER

4

太る思考を やせマインドに変える

なぜやせられないのか、食べ過ぎてしまうのか……
ダイエット中の人が抱える問題は多いものです。
この章では、10万人以上のダイエッターを観察するなかで
わかった、多くの人が抱える太る原因や考え方、
またそれを解決する方法をお教えします。

やせる思考を身につけよう

太るマインドからやせるマインドへ

太りやすい生活習慣があるように、太りやすい思考というものがあります。食べ残しをもったいないと思ったり、食べることをごほうびにしたり……これらは太りやすい人にありがちな考え方のクセです。このような思考が、ドカ食いや、食べ過ぎといった問題のある食行動を呼び、やがて肥満へとつながっていきます。

太りやすい思考になってしまう原因は、食べる目的が、お腹を満たすためではなく、心を満たすためだから。疲れているときや精神が不安定なとき、食べることにより一時的に心が落ち着きます。やがて食べ過ぎてしまったことへの罪悪感から自己嫌悪に陥り、これが新たなストレスに。そして、ストレスで傷ついた心を満たすために、また食べてしまう。食べることでストレスを発散し、新たなストレスを抱え込んでまた食べたくなるという、負の連鎖から抜け出せなくなっているのです。

このような太るマインドを、やせるマインドへと切り替えましょう。お腹が空いたら食べる、そして食べたことに罪悪感を抱かない。食べることと感情とを切り離せば自然とストレスから解放され、食欲をコントロールできるようになります。

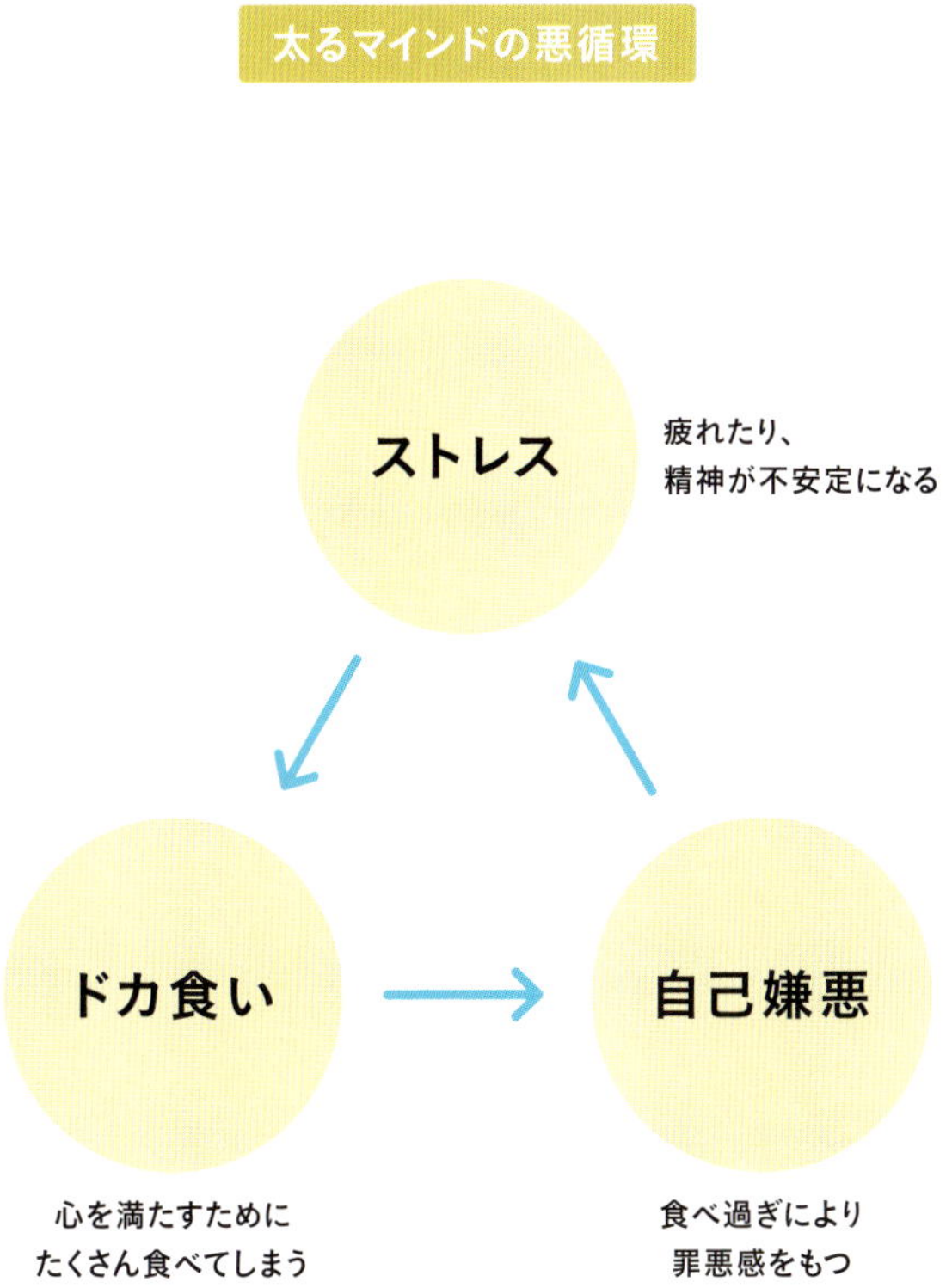
太るマインドの悪循環
ストレス
疲れたり、
精神が不安定になる
ドカ食い
心を満たすために
たくさん食べてしまう
自己嫌悪
食べ過ぎにより
罪悪感をもつ

太りやすいマインドの人のストレス発散方法は、食べることになりがち。負の連鎖に陥るとなかなか抜け出せなくなります。

ダイエット成功のマインド 1

「自己嫌悪」はダイエット失敗の最大の要因

ダイエットに失敗してしまう原因は何だと思いますか？　あなたの意志が弱いからでしょうか。それともあなたが怠け者だからでしょうか。答えはＮＯ！　その自己嫌悪こそが、ダイエットを失敗させる最大の要因です。

食べ過ぎてしまったときや、エクササイズをさぼってしまったときに感じる自己嫌悪は、ストレスとなってあなたの心を蝕みます。前ページでも解説した通り、ストレスはダイエットの大敵です。ストレスが高まると、まず食欲のコントロールがきかなくなります。さらに、コルチゾールやアドレナリンといったストレスホルモンの分泌が促進されることで血糖値が上がり、太りやすい体になってしまうのです。

では、こうしたストレスを取り除くにはどうすればいいのでしょうか。それは、ダイエットがうまくいかなくても自己嫌悪に陥らないこと。体重が増えたグラフはサッサと破り捨て、また明日からがんばればいいと気持ちを切り替えられる人になってください。完璧主義を改め、自分の弱点や苦手をありのままに認めてあげましょう。そのうえで、自分に適したダイエットの進め方を探していくのです。ダイエットを楽しめるようになれば、もう恐いものはありません。必ず結果はついてきます。

ダイエット中なのに
食べ過ぎて
しまったな……

ダイエットを失敗させる原因のひとつは、自己嫌悪によるストレス。ダイエット中体重が増えてしまったとしても、「明日からがんばるぞ!」という心構えで楽しみながらダイエットをしましょう。

ダイエットは1日にして成らず!
一喜一憂せず、一つひとつの
行いを見直しましょう
Dr. Kudo's
voice

ダイエット成功のマインド 2

飽きてしまったら別の方法を試す

ダイエット失敗の原因がもうひとつ。ダイエットに飽きてしまうことです。「たった7秒で座るだけダイエット」や、「ゆとり糖質オフ」のメニューも、始めて間もないうちは新鮮味があって、楽しく取り組めるでしょう。でも、体重が思うように落ちなかったり、停滞期に入って減量が進まなくなったりすると、ダイエットに手ごたえが感じられず、飽きてしまうことに。やがて、エクササイズも食事も疎かになり、最終的にはリバウンドをして、ダイエットは失敗に終わるのです。

このようなかたちで、「ダイエットが三日坊主で終わってしまう」という相談をよく受けるのですが、私はそれでもいいと思っています。人間ですから飽きるのは当たり前。三日坊主だからといって、自分を情けなく思う必要は全くありません。ただし、もし自分が三日坊主だと自覚しているなら、いっそのこと次々と新しいダイエットに挑戦してみてはどうでしょうか。たとえ三日坊主の繰り返しであっても、諦めず続けていくことに意味があるのですから。三日坊主をポジティブに捉え、色々なダイエットを楽しんでください。

たとえば、ダイエットとして取り組んでいるスクワットに飽きてしまったら、ランニングや腹筋など別の運動をしてみたり、糖質オフを始めてみたりと、色々なダイエットを試してみましょう。

ダイエット成功のマインド 3

”人間ゴミ箱“になってはいけません

肥満に悩むママさんが口々にいう「自分ではそれほど食べているつもりはないのに」という言葉。「いやいや、そんなはずはない。絶対食べてるでしょ」と思ってよくよく聞いてみると……やっぱり食べていたんです。子どもの”食べ残し“を。

食事の準備をがんばっているママさんほど、食べ残しをみるとどうしても「もったいない」と思ってしまうようです。日々献立に頭を悩ませ、時間をかけてつくっているわけですから無理もありません。しかしお腹が空いているならまだしも、もう十分食べたにも関わらず、ただ「もったいない」という感情を満たすために自分のお腹の中へと片づけてしまう。これではまるで”人間ゴミ箱“です。

人間ゴミ箱のままでは、いつまでたってもやせられるはずがありません。食べ残しは潔く処分するか、密閉容器かジッパー付き保存袋に移して次の食事に回しましょう。翌日の一人ランチのおかずくらいにはなるはずです。こうすればやせるうえに、経済的でいいこと尽くし。浮いたお金は美容代に、子どもの教育費にと自由に使ってください。

食べ残しをもったいないと思わないこと。これもやせるマインドのひとつです。

もったいないという気持ちは大切ですが、今食べる必要がないこともあります。保存容器を用意しておき、次の食事に回せば罪悪感もなくなります。

ダイエット成功のマインド 4

ごほうび食いをやめて食べ物以外の楽しみを

仕事や勉強をがんばったごほうびに、ごちそうやスイーツを食べる人がいます。おいしいものを食べるよろこびを持つのは素晴らしいことですが、困難の代償としての「ごほうび食い」は、「ストレス食い」や「気晴らし食い」と同じく、問題のある食行動といえます。ごほうび食いをすると、たしかにその瞬間は満足するかもしれません。しかし、体重が増えたり肌が荒れたりと、後になって罪悪感を抱く結果になるのです。ごほうびのつもりで食べたことが逆に自分を苦しめてしまうなんて、あまりにも虚しいですね。こういったストレスも肥満のもとになるのです。太りたくないなら、食べる以外のごほうびを探しましょう。

ダイエットをがんばったごほうびには、甘いケーキよりも、スリムな体に似合う洋服を選びましょう。コスメを買ったり、エステに行ったりして、とことん美を追求してみるのも素敵ですね。仕事の成功を祝うなら、食べ飲み放題へ行くよりも、ジムやヨガでリフレッシュするほうがおすすめです。新しい習い事を始めてみるのもいいでしょう。食べることよりも、自分のスキルを磨くことにお金と時間を費やせば、スリムになりながら、キャリアアップという夢まで叶えてしまえるかもしれません。

ダイエットのご褒美に
おすすめのものリスト

- □ スリムな体に似合う服
- □ ヘアカットやネイル
- □ エステやリラクゼーションサロン
- □ ジムやヨガ
- □ キャリアアップ講座
- □ 旅行

自分の体にあった3万円の服を
買うより、3kgやせたほうが
断然おしゃれにみえますよ。
Dr. Kudo's
voice

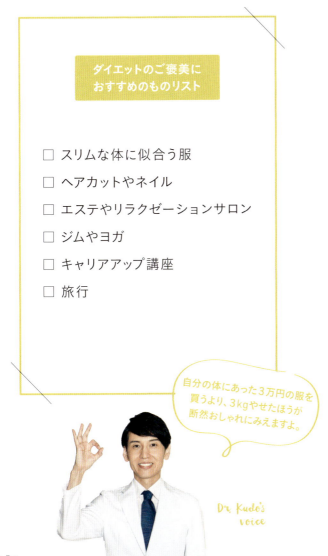

ダイエット成功のマインド 5

スリムになるなら笑顔を意識しよう

「口角を上げて笑顔の表情をつくるだけで、チョコレートバー2000個分の幸福感がもたらされる」。そんな驚くべき研究結果がイギリスで報告され、話題となっています。幸福感をもたらす物質の正体は、β-エンドルフィン。私たちが強いストレスに遭遇したときに分泌される脳内麻薬の一種で、鎮痛・鎮静の働きがあります。β-エンドルフィンは、おいしいものを食べたときにも分泌されます。特にチョコレートのようなカロリーの高い食べ物を食べたときに感じる多幸感は、このβ-エンドルフィンによるもの。脳がその快感を憶えている以上、おいしいものについ手が伸びてしまうのも、ある程度は仕方のないことなのです。

そんなβ-エンドルフィンの分泌を、おいしいものを食べなくても促せることが明らかになりました。しかも、口角を上げて笑顔の表情をつくるだけで効果があるというのですから、ダイエッターには朗報です。かくいう私も常に笑顔を心がけています。ダイエットをさぼった患者さんが色々と言い訳しているのを聞いている間も、決して笑顔を絶やしません！　私がダイエットに成功してからもう何年も経ちますが、今でも標準体型でいられるのは笑顔のおかげではないかと思っています。どんなときも口角を上げて、快感ホルモンをたくさん出しましょう。

無理に笑えないときは、割り箸を口にはさんで口角を上げるだけでも効果があります。

ダイエット成功のマインド 6

ダイエットに必要なのは素直な心と丁寧な暮らし

最後に、肥満に悩むたくさんの患者さんを診てきたなかで、ダイエットに成功できるのはどのような人か、皆さんにヒントを差し上げたいと思います。

いちばんは素直な人。太っている原因を「食べ過ぎ」と認められない人や、「毎日体重を量ってください」という指示も素直に聞けない人は、早々にダイエットを諦めてしまう傾向にあります。一方で、私のアドバイスを謙虚に受け止め指示したことを素直に実行できる人は、ダイエットに成功する可能性が圧倒的に高いです。「たった7秒で座るだけダイエット」に限らず、どんなダイエット法でもまずはその通りにやってみる。そんな素直さがダイエットには不可欠なのです。

そして、毎日を丁寧に暮らせる人。慌ただしい生活はインスタントな食事や早食いを、逆に怠けた生活はダラダラ食いや身体活動の減少をまねき、どちらも肥満に直結します。しかし、丁寧な暮らしを送る人は、心に余裕があり、食べ物にも食べ方にも気を配ることができます。家事なども丁寧に行うので身体活動量が多く、規則正しい生活を送るために睡眠も大切にします。そう、これこそまさに、本書で紹介してきたやせやすい生活そのものなのです。忙しさに流されそうなときこそ、ぐっと心を落ち着かせ、丁寧な暮らしを心がけてみてください。体を変えたければ、まずは心から。美しくなれる日を夢見て、私と一緒に笑顔でがんばりましょう！

ダイエットとは自分と向き合うこと。
柔軟な考え方と
謙虚な気持ちで！

自分を信じてのぞめば絶対に
ダイエットは成功するはず！
一緒にがんばって生き生きとした
毎日を送りましょう！
Dr. Kudo's voice

「夕食後」「寝る前」の1日4回体重を量り、意識付けを行いましょう。

を防いだり、食べ過ぎた後どのタイミングで体重が増えるのかなど、自分を知ることができます。

	／　（　）				／　（　）				／　（　）				／　（　）			
	起きてすぐ	朝食後	夕食後	寝る前	起きてすぐ	朝食後	夕食後	寝る前	起きてすぐ	朝食後	夕食後	寝る前	起きてすぐ	朝食後	夕食後	寝る前

体重管理チェックシート

体重測定はダイエットの基本。「起きてすぐ」「朝食後」
また、1日の食事内容を記入することで、無意識食べ

週目	／　（　）	／　（　）	／　（　）	
（　　）kg （　　）kg （　　）kg				
体重を量るタイミング	起きてすぐ　朝食後　夕食後　寝る前	起きてすぐ　朝食後　夕食後　寝る前	起きてすぐ　朝食後　夕食後　寝る前	
食事内容などのメモ				

著者略歴

工藤孝文《くどう たかふみ》

福岡県みやま市の工藤内科副院長。福岡大学医学部卒業後、アイルランド、オーストラリアへ留学し食行動について研究。帰国後、大学病院、地域の基幹病院を経て、現在は、ダイエット外来で肥満や生活習慣病の治療などを行う。2017年よりスマホ診療を導入し全国規模での診療も実施。『元デブ医者が教える おいしく飲んでみるみるやせる 緑茶コーヒーダイエット』（日本実業出版社）、『きゅうり食べるだけダイエット』（KADOKAWA）など著書・監修本は多数。

たった7秒で座るだけダイエット

2018年11月20日　初版第1刷発行

著者・工藤孝文

発行人・沢井竜太

発行所・株式会社晋遊舎

〒101-0051 東京都千代田区神田神保町1-12
電話03（3518）6861（営業）
http://www.shinyusha.co.jp/

装丁・デザイン・大久保有彩

イラスト・二階堂ちはる

執筆協力・高野 愛

編集・株式会社オフィスアビ（今井綾子、堀内容子）

モデル・株式会社スペースクラフト（花原 緑）

ヘアメイク・株式会社ビーサイド（高原優子）、佐藤 薫

撮影・堂崎正博、上岡エマ

印刷所・共同印刷株式会社

ISBN 978-4-8018-1051-8 C0077